이렇게 했더니 인스타마켓으로 6억 벌었어요!

無재고 無자본으로 시작해서
억대 매출 올리는 인스타그램 공동구매 실전북!

산타맘 황지원 지음

인스타그램 계정 키우기부터 판매 및 마케팅까지
실제 경험을 바탕으로 차근차근 단계별 진행

억대 매출 스토리 전 과정이 모두 담겨있다!

앤써북
ANSWERBOOK

이렇게 했더니
인스타마켓으로 6억 벌었어요!

無재고 無자본으로 시작해서 억대 매출 올리는 인스타그램 공동구매 실전북!

초판 1쇄 인쇄 | 2020년 12월 15일
초판 1쇄 발행 | 2020년 12월 25일
초판 2쇄 발행 | 2021년 03월 15일

지 은 이 | 산타맘 황지원
발 행 인 | 김병성
발 행 처 | 앤써북
편 집 진 행 | 조주연
주 소 | 경기 일산 서구 가좌동 565번지
전 화 | (070)8877-4177
팩 스 | (031)919-9852
등 록 | 제382-2012-0007호
도 서 문 의 | answerbook.co.kr

I S B N | 979-11-85553-67-2 13000

Prologue

머리말

"산타맘, 공구는 어떻게 시작해요?"
"돈을 벌고 싶은데 어떻게 해야 할지 모르겠어요."
"살림만 하는 육아맘이라 뭐부터 시작해야 할지 모르겠어요."
"남편이 직장을 잃어서 제가 돈을 벌어야 해요."

이런 메시지들이 어느 순간부터 오기 시작했다.

돈뭉치 사진들을 보여주며 짧은 기간 안에 돈을 벌 수 있다는 유혹에 피해를 보는 사람도 많아지고 있다는 사실까지 알게 되었다.

안타까운 마음에 무언가 도와줄 수 없을까 싶어 하나씩 알려주기 시작했고, 그들의 성장을 지켜보는 것이 즐거웠다.

그렇게 서툰 솜씨로 유튜브를 시작하게 되었고, 도움이 되었다는 얘기를 들을 때마다 마음이 짠했다. 무료로 진행한 스터디를 통해 한달만에 큰 성과를 이룬 분들이 직접 공동구매를 시작할 수 있게 돕고 현재까지도 가이드 역할을 하는 것이 요즘의 즐거움이다.

이 책은 그런 마음에서 집필하였다. 책이 발간되기까지 체력적으로 힘든 부분이 많았지만, 누군가에게는 이 책의 정보들이 정말 소중하게 활용되기를 원한다.

코로나19로 인해 짧은 기간에 많은 것들이 변했다. 면대면으로 이루어졌던 우리의 많은 부분이 온라인 기반의 비대면으로 대체되었다. 이런 변화로 인해 돈 버는 방법에서도 많은 부분 변화가 찾아왔다.

변화하고 있는 세상의 흐름에 맞게 내 입지를 찾을 방법은 흐름의 중심인 온라인 세상에서 나를 드러내는 것이다.

그럼, "어떻게?"가 가장 첫 번째 질문일 것이다.

저자에게 인스타그램은 SNS에 대해 잘 알지 못했던 시절 나를 드러낼 수 있는 가장 좋은 플랫폼이었다. 처음 접했지만 어렵지 않게 사용할 수 있었고 가볍게 나를 드러내기에 가장 좋은 플랫폼이라 생각한다. 긴 글이나 긴 영상이 필요치 않아서 누구나 쉽게 시작할 수 있으며 간단한 조작법과 원리, 나만의 색깔을 잘 어필할 수만 있다면 팔로워도 쉽게 늘릴 수 있다.

인스타그램을 단순히 나만 알 수 있는 일기장이나 지인들의 친목 도모 장소로 사용할 수도 있지만, 적극적으로 나를 노출하고 소통하여 수익화를 이루어 내는 좋은 수단으로 활용할 수도 있다.

이 책은 후자인 적극적으로 나를 온라인 세상에 드러내고 그 영향력을 바탕으로 좋은 것을 더 많은 사람에게 공유하고자 하는 사람들에게 필요한 책이다.

Preface

머리말

    저자는 둘째 아이가 9개월 무렵부터 사업을 시작하게 되었다. 오로지 인스타그램 하나만으로 말이다. 현재는 인스타그램만으로 20대 때 하던 일을 다시 시작했고 또 다른 꿈을 만들어 가는 중이다.

    독자들이 이 책을 통해 저마다 마음속에 담고 있던 꿈을 온라인 세상에서 펼칠 수 있기를 바란다. 이 책을 읽어나가는 도중에도 바로바로 실행에 옮기며 적용해보고 그것을 도구 삼아 더욱 발전하기를 바란다.

    인생에서 가장 빠른 날은 오늘이니 가장 빠른 지금 바로 인스타그램을 시작하자.

    생각할 수 있는 그 한계보다 훨씬 많은 꿈이 펼쳐질 것이다.

    인스타그램으로 공동구매를 진행해오면서 참으로 다양한 일들을 경험했다. 이 책은 단순히 기능적인 부분을 넘어 실제 공동구매를 직접 진행하면서 느꼈던 부분과 에피소드를 다루어 이해를 돕고자 했다.

    독자들이 시행착오를 덜 겪고 빠르게 원하는 성과를 얻었으면 한다. 인스타그램은 온라인에서의 내 집, 사무실이다. 당신의 집을 어떻게 꾸밀지 다양하게 시도해보라. 물론 정답은 없다. 자신의 색깔을 명확하게 잘 만들어내는 것만이 가장 빠른 성장을 이룰 수 있다.

    그 색깔을 좋아하는 사람들로 붐비게 되면 수익은 자연스럽게 상승한다.

    온라인을 뛰어넘어 여러분의 선한 영향력이 널리 퍼지길 응원한다.

산타맘 황지원 씀

Reader Support Center

독자지원센터

독자 문의

책을 보면서 궁금한 사항은 서로 의견을 공유하고 [도서별 독자 지원 센터]-[이렇게 했더니 인스타마켓으로 6억 벌었어요] 게시판에 다음 그림과 같이 궁금한 내용을 문의합니다. 단, 네이버에 로그인하고 앤써북 네이버 카페(http://answerbook.co.kr)에 회원가입 후 [함께하는 공간]-[등업&출책&가입인사] 게시판에 간단한 가입 인사를 작성해야 질문 글을 작성할 수 있습니다.

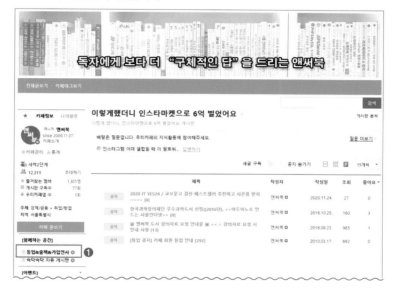

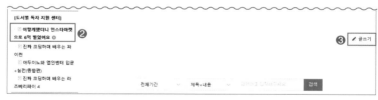

Contents

목차

PART 02

따라오면 돈이 된다!
인스타마켓 만들고 꾸미고 운영하기

Contents

목차

말로만 듣던 무자본 창업 성공기, 인스타그램 하나만으로 해결 할 수 있다.

산타맘, 연매출 6억 성공기를 말하다!

01
인스타마켓은 무엇인가?

인스타그램은 '인스턴트(instant)'와 '텔레그램(telegram)'의 합성어로 세상의 순간들을 포착하고 공유한다는 의미로 2010년 서비스가 시작되었다. 인스타그램은 서비스 출시 이후 꾸준하게 각광받고 있다.

소소한 일상, 여행 속 추억, 기억하고 싶은 장면, 담고 싶은 모습 등을 사진으로 담을 수 있는 휴대전화의 카메라 기능으로 인해 인스타그램이 각광받을 수 있었다. 휴대전화에 저장된 사진, 동영상을 다른 사람들과 손쉽게 공유할 수 있는 인스타그램의 주요 기능이 서로 맞물려 인기를 끌 수 있었다.

이제 인스타그램은 일반인들에게는 물론 훌륭한 마케팅 도구로도 활용되고 있고, 나아가 '인스타마켓'이라는 커머스 플랫폼으로도 각광받게 되었다.

인스타마켓이란 '인스타그램(Instagram)'과 '마켓(Market)'의 합성어로 인스타그램을 통해 물건이나 콘텐츠를 사고파는 형태의 쇼핑몰이다. 인스타마켓 이외에도 블로그마켓, 페이스북마켓, 카카오마켓, 밴드마켓 등 각각의 플랫폼과 마켓 성격이 혼합된 다양한 SNS마켓이 있는데 그 개념은 모두 동일하다.

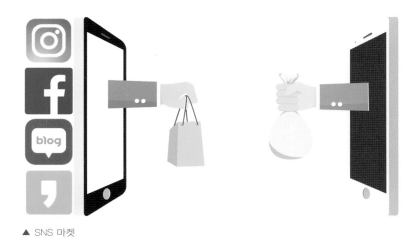

▲ SNS 마켓

　인스타마켓은 인스타그램 계정을 만들어 관심사 기반의 게시물을 올리다 보면 공통 관심사를 가진 인스타그램의 팔로워들과 소통하게 된다. 이들과 꾸준히 관계를 맺고 계정을 키우게 되면 그들이 사용하는 물건이나 정보에 자연스럽게 관심을 끌게 되며, 소개에서부터 판매로까지 이어질 수 있다.

　특히 정보가 넘쳐나는 요즘은 이 역할이 더욱 필요하다. 필요한 것이 있을 때 검색해보면 너무나도 많은 정보가 나온다. 이때 우리는 결정장애라는 우스갯소리처럼 너무 많은 정보 틈에서 선택의 어려움을 겪게 된다.

　이때 댓글을 나누고 오랫동안 지켜보았던 사람이 직접 사용해보고 체험한 후에 느낀 점을 사실적으로 전해준다면 훨씬 더 신뢰가 갈 것이다.

　인스타그램에서 영향력을 펼치는 사람을 우리는 '인플루언서'라고 하는데, 이는 화면으로만 보던 그 누군가가 아닌 실시간으로 소통 가능한 언니, 친구, 동생처럼 친근한 존재이며 지속해서 교류하는 인연으로 이어지기에 이들의 추천이나 소개는 제품 선택에 있어 그 신뢰가 더 두터울 수 있다.

　다음은 제품 관련 글을 게시하자 구매를 원하는 사람들의 문의 댓글 사례이다.

다음은 공동구매 기간을 문의하는 DM(Direct Message, 다이렉트 메시지) 내용의 일부이다.

이렇듯 인스타그램을 통해 다양한 물품 판매와 구매가 이루어지고 있는 것을 알 수 있다.

인스타마켓의 발전 가능성

인스타그램을 통해 물품, 서비스 등의 판매와 구매가 꾸준히 증가하는 추세인데, 그 이유를 판매자와 구매자 관점에서 인스타마켓의 장점으로 알아보자.

다음은 필자가 운영하는 산타맘과 인터뷰에 응해주신 '더 에르고' 인스타그램, '메이비홈' 인스타그램, '백토마켓' 인스타그램이다.

▲ 산타맘

▲ 더 에르고

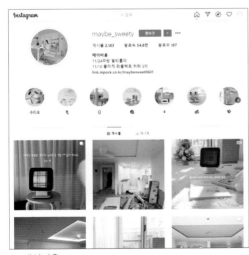

▲ 메이비홈

▲ 백토마켓

판매자 관점에서 인스타마켓의 장점

❶ 혼자서 운영할 수 있다

일반적인 인터넷 쇼핑몰은 기획, 디자인, 프로그래밍, 마케팅, 상품 소싱, 관리, C/S 등 업무 규모가 크기 때문에 혼자서 이 모든 것을 감당하는 건 역부족일 수밖에 없다. 반면 인스타마켓은 물품 판매글 작성->주문->배송->정산 과정이 비교적 단순하다. 특히 위탁 배송이나 정산의 경우는 제품을 제공하는 업체에서 상당 부분 처리해주기 때문에 혼자서도 충분히 운영할 수 있다.

"인스타그램의 공구 물품은 대부분 위탁 판매하며 주문 배송 등 복잡한 과정을 거치지 않기 때문에 혼자서 충분히 운영할 수 있습니다.

메이비홈 박보연 대표"

❷ 부업, 투잡으로 운영할 수 있다

판매일정이나 제품 수를 운영자의 여력에 따라 설정할 수 있기에 투잡으로도 진행할 수 있고, 인스타그램을 사용할 수 있는 곳이면 얼마든지 업무를 볼 수 있기 때문에 시간과 공간에 제약이 없어서 직장을 다니고 있더라도 병행해서 진행할 수 있다.

"집꾸미기를 좋아하고 예쁜 살림템들을 좋아해서 공유하고 소통하다가 부업으로 가볍게 마켓을 시작했구요. 지금도 꾸준히 일상과 직접 체험해보고 좋은 상품은 공구하는 마켓 역할을 하고 있습니다. 앞으로 지금처럼 팔로워들이 믿고 보고 신뢰하는 인스타그램 계정으로 운영하고 싶습니다.

메이비홈 박보연 대표"

❸ 무자본 창업을 할 수 있다

인스타마켓의 공구 판매는 대부분 재고 부담이 없고, 홈페이지 제작비용, 임대료 등의 초기자본이 필요하지 않다. 인스타그램 광고를 사용하여 홍보할 수도 있는데 상대적으로 노출대비 홍보비용이 저렴하다. 결제페이지도 무료로 개설 가능하며 판매가 되었을 때에만 소정의 수수료를 지급하기 때문에 초기 자본없이 시작할 수 있다. 최근에는 운영하기 간편한 플랫폼인 네이버 스마트스토어에 입점 후 인스타그램과 연동시켜 결제할 수 있는 사례도 증가하고 있다.

"공동구매하는 물품은 대부분 위탁 판매하기 때문에 무자본 창업으로 운영할 수 있어 창업 비용에 대한 부담이 없습니다.

메이비홈 박보연 대표"

❹ 제약이 없다

틀안에서 해야 할 것을 정하는 것이 아니라 운영자가 원하는 방향에 따라 게시물의 주제도 마음껏 올릴 수 있다. 오프라인 매장은 업종을 변경하는 것은 어려울 수 있으나 인스타그램에서는 주제를 변경하거나 새로운 시도에 있어 어려움이 없기에 사업 영역을 확장하기 용이하다.

"메이비홈 인스타그램은 집꾸미기와 예쁜 살림템은 물론 일상 관련 게시물을 공유하고, 제가 직접 사용해보고 만족스러운 좋은 리빙 및 홈태그 제품이 있으면 소개하고 착한 가격에 구입할 수 있는 정보를 공유합니다.

메이비홈 박보연 대표"

❺ 확장과 분리가 유리하다

인스타마켓, 카카오스토리마켓, 페이스북마켓, 블로그마켓 등 SNS마켓은 처음부터 인터넷 쇼핑몰을 운영하는 것보다 채널 및 사업 확장에 유리하다. SNS마켓마다 약간의 차이점은 있지만 모두 관계를 기반으로 성장하는 채널이기 때문이다. 예를 들면 인스타그램의 시작은 관심사가 비슷한 분들과 소통하고 좋은 제품을 공동구매나 직접 판매하는 채널로 활용하지만 충분한 사업 경험을 쌓고 나면 스마트스토어나 인터넷 쇼핑몰 등을 직접 운영하여 채널의 운영 성격을 분리할 수 있다.

다음은 더 에르고 인스타그램의 홈페이지 바로 가기 링크 페이지와 직접 운영하는 유아 쇼핑몰의 사례이다.

▲ 더 에르고 인스타그램, 홈페이지 링크 안내, 유아용품 쇼핑몰(https://www.theergo.co.kr)

더 에르고는 네이버 카페를 운영하며 공구를 시작으로 카카오스토리, 인스타그램 등 SNS마켓, 자사몰, 앱 등 나름의 운영전략에 따라 발 빠르게 시장의 트랜드를 반영하여 아주 좋은 평가를 받고 있다.

"아이를 낳기 전 출산용품을 중고나라에서 구매하려고 출산 카테고리를 매일 보는데 시세보다 많이 저렴하게 올라오는 물건들이 있어 "아 이렇게 싸게 올라오는 물건들을 구입해서 사진을 더 잘 찍어 되팔면 돈이 되겠다."고 생각하여 하루에 두세 개씩 저렴하게 나오는 물건들을 사서 시세에 맞춰서 팔았어요. 이게 판매의 시작이었는데, 너무 흥미로웠고 새 제품도 판매하면 좋겠다 싶어서 그때부터 도매처를 찾게 되었고 중고나라에서 새 제품 판매를 가끔하다가 네이버 카페를 만들게 되었습니다. 네이버 카페를 운영하면서 공구를 시작하게 되었고, 공구하는 제품들의 검색어가 네이버 상단에 노출되는 로직을 알게 되어 카페 회원 수 2만여 명정도도 만들었습니다. 그러다 카카오스토리 쪽으로 공동 구매 시장이 넘어가면서 카카오스토리 채널을 에르고로 시작하게 되었습니다. 에르고를 운영하면서 5개의 채널을 더 만들어 15만명 회원수를 만들었어요. SNS마켓의 트랜드가 카카오스토리에서 인스타그램으로 넘어가면서 인스타그램 계정도 함께 시작하게 되었습니다. 현재 인스타그램 팔로워 수는 12만 4천명이고, 점점 더 늘어나고 있습니다.

영원한 SNS마켓은 없다고 생각하여 자사몰과 앱을 만들게 되었고 사이트 회원수는 23만명, 앱 설치수는 5만 8천명이에요. 현재는 인스타마켓, 사이트, 앱을 메인으로 운영하고 있습니다.

더 에르고 허선희 대표"

구매자 관점에서 인스타마켓의 장점

❶ 신뢰할 수 있다

인터넷 쇼핑몰의 상품 판매는 업체의 유료 광고로 유입이 된 고객이 구매하는 경우가 대부분이다. 고객 또한 유료 광고임을 인지하고 구매하기 때문에 신뢰의 층이 비교적 두텁지 않다. 반면 인스타마켓의 경우 서로 '좋아요'나 '댓글'로 소통을 이어가면서 우호적인 관계를 바탕으로 형성된 관계이기에 판매 진행하게 되는 제품에도 적극적으로 관심을 끌게 된다. 또한, 제품에 대한 의문 사항은 댓글이나 DM 등을 통해 즉시 해결하면서 제품에 대한 인지를 좀 더 명확히 하고 구매로 이어지기에 만족도도 높다.

"인스타마켓은 판매자를 믿고 구매하는 것이기 때문에 한 번 신뢰를 잃으면 운영하기 힘듭니다. 그러므로 신뢰를 잃지 않도록 공동구매하는 상품에 대한 꼼꼼한 검토가 필요합니다. 인스타마켓 운영 시 제품 포스트는 가장 중요하게 생각하기 때문에 직원이 아닌, 제가 직접 검토하고 작성합니다. 직접 작성하지 않은 제품 포스트는 고객의 신뢰를 얻을 수 없기 때문입니다. 제품 포스트는 처음부터 직접 테스트 후 리얼 후기 형식으로 작성합니다. 직접 테스트하는 과정에서 만족스러운 글은 판매율도 높습니다.

더 에르고 허선회 대표"

"저는 '인스타그램=소통'이라고 생각합니다. 단지 물건을 팔기 위함이 아닌 직접 소통하며 좋은 관계를 꾸준히 유지할 수 있어야 합니다. SNS상이지만 이웃처럼 진정으로 걱정해주며 소통을 통해 신뢰를 쌓는 것이 우선되어야 합니다.

백토마켓 김수현 대표"

❷ 관련 카테고리 내 정보를 얻을 수 있다

인스타마켓은 판매자와 구매자가 아닌, 정말 좋은 물품에 대한 자세한 정보 교환의 의미가 크다. 공통 관심사를 기반으로 아이템, 도서, 식품 등 많은 부분에서 상대적으로 빠른 정보를 습득할 수 있다.

"백토마켓은 '엄마가 행복한, 아이가 행복한'을 모토로 운영하고 있으며 엄마표 놀이의 놀이터입니다. 간단하게 할 수 있는 엄마표 미술놀이 & 과학놀이를 소개하며, 관련된 제품을 함께 공동구매 진행하는 엄마들과 소통하는 곳이랍니다. 인스타그램으로 공동구매하는 제품의 수량은 아주 적지만 하나하나 정말 좋은 제품만 엄선해서 엄마들과 공유하고 합니다. 많은 업체에서 공동구매를 제안받지만 대부분 진행하지 않는 이유이기도 합니다.

백토마켓 김수현 대표"

❸ 가격 만족도가 높다

인스타그램은 오픈마켓(검색포털 사이트의 검색을 통해 가격이 노출되는)이 아니라 폐쇄몰(가격검색이 되지 않는)의 성격을 가지고 있다. 그래서 공동구매라는 이름으로 일반 정상가보다 비교적 낮은 금액으로 구매할 수 있다(일부 상품군에서는 제외). 반면 교환/반품되는 경우 택배비 부담 등에 따른 손실 등의 어려움이 있을 수 있다.

"한두 건 교환/반품 처리한다고 크게 손해 보는 게 아니라면 고객분께서 원하시는 방향으로 처리해드리고 있습니다. 깔끔한 교환/반품 처리로 고객을 만족시키면 이후 잠재적인 고객이 될 수 있기 때문입니다. 만약 인스타마켓의 공동구매 건 중 위탁 업체에서 직접 처리가 불가능할 경우 사비를 들여서 처리를 해드리고 있습니다. 많은 인스타마켓 운영자분들이 교환/

반품 부분이 가장 어렵고 힘들다고 하시던데, 저는 이 부분이 가장 중요하다고 생각합니다. 제품을 공동구매할 때는 우선, 제가 살펴보고 좋다고 판단되기 때문에 진행했지만, 일부 고객들에게는 마음에 안 들 수도 있고, 내가 설명한 상세페이지의 내용이 제대로 전달되지 않을 수도 있기 때문입니다.

백토마켓 김수현 대표"

❹ 일정을 맞춰야 한다

공동구매는 제품을 정해진 기한을 두고 판매하는 경우가 많은데 이때 고객은 정상가보다 낮은 가격으로 구매할 수 있어 좋고, 판매자는 기간 내에 고객의 집중도를 유발할 수 있어 좋다. 하지만, 진행일정을 기다리거나 점검해야 하는 불편이 있다.

02
인스타마켓의 발전 방향 살펴보기

코로나19로 인해 언택트 비대면이 대중화되면서 온라인 상권이 앞으로 더욱 큰 비중을 차지해나갈 것이고, 그중에 인스타그램은 여러 자료를 바탕으로 성장 가능성이 큰 플랫폼 중 하나이다. 다음 설문조사를 바탕으로 인스타마켓의 발전 방향을 볼 수 있다.

오픈서베이가 20~40대 남녀 969명을 대상으로 조사한 '모바일 쇼핑 트렌드 리포트 2020'에 따르면 온라인/모바일 구매의 이유를 20대는 편리한 결제를, 30대는 가격/가치 측면의 장점으로 꼽았다.

• 온라인/모바일 구매 이유

남성(478)	52.7	47.5	21.5	19.0	21.1	11.1	10.7	6.3	2.3	1.7
여성(491)	45.2	44.6	28.7	25.5	20.8	11.0	10.8	5.5	1.4	0.6
20대(328)	50.9	42.1	23.2	20.7	26.5	11.9	10.1	4.9	1.8	0.3
30대(321)	50.2	50.5	26.2	21.8	17.1	9.3	10.9	5.0	0.9	1.9
40대(320)	45.6	45.6	26.3	24.4	19.1	11.9	11.3	7.8	2.8	1.3

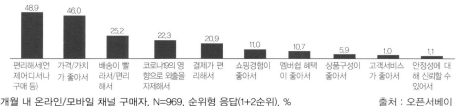

48.9	46.0	25.2	22.3	20.9	11.0	10.7	5.9	1.0	1.1
편리해서(언제어디서나 구매 등)	가격/가치가 좋아서	배송이 빨라서/편리해서	코로나19의 영향으로 외출을 자제해서	결제가 편리해서	쇼핑경험이 좋아서	멤버쉽 혜택이 좋아서	상품구성이 좋아서	고객서비스가 좋아서	안정성에 대해 신뢰할 수 있어서

▲ ( ) : 3개월 내 온라인/모바일 채널 구매자, N=969, 순위형 응답(1+2순위), %   출처 : 오픈서베이

※ 코로나 19의 영향으로 외출 자제 : 20년 신규 리스트
※ 빨간색 음영 : 전체 평균 대비 +4%P 이상인 데이터

오픈서베이가 10~50대 남녀 610명을 대상으로 조사한 '소셜미디어와 검색포털 리포트 2020'에 따르면 본인의 콘텐츠를 업로드하는 소셜미디어로 1위가 인스타그램이 자치했다. 특히 인스타그램은 여성, 10~30대층에서 상대적으로 높게 나타났다.

• 글/사진/영상/댓글 업로드 소셜미디어

		인스타그램	네이버 블로그/포스트	밴드	유튜브	페이스북	카카오스토리	트위터	핀터레스트	한달간 직접 업로드한 곳 없음
	Gap('20~'19)	+1.6	+5.0	+3.2	+8.3	−1.7	−1.9	+1.2	+0.4	−3.9
성별	남(305)	26.6	19.0	17.7	19.3	24.3	8.5	6.9	0.0	34.4
	여(305)	43.9	24.6	16.4	15.4	13.8	13.8	8.5	2.0	28.9
연령별	10대(119)	42.0	5.9	2.5	11.8	26.9	1.7	13.4	0.8	33.6
	20대(122)	51.6	20.5	9.0	16.4	17.2	1.6	7.4	2.5	30.3
	30대(125)	45.6	30.4	16.8	17.6	17.6	5.6	8.0	0.8	34.4
	40대(122)	19.7	26.2	25.4	23.8	18.0	18.9	4.9	0.0	30.3
	50대(122)	17.2	25.4	31.1	17.2	15.6	27.9	4.9	0.8	29.5

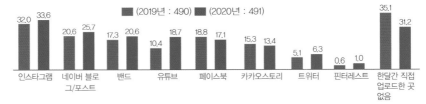

■ (2019년 : 490)　■ (2020년 : 491)

인스타그램	네이버 블로그/포스트	밴드	유튜브	페이스북	카카오스토리	트위터	핀터레스트	한달간 직접 업로드한 곳 없음
32.0 33.6	20.6 25.7	17.3 20.6	10.4 18.7	18.8 17.1	15.3 13.4	5.1 6.3	0.6 1.0	35.1 31.2

▲ ( ) : 최근 1개월 내 소셜미디어 이용자, N=610, 단위 : %, 복수응답　　　　출처 : 오픈서베이
※ 1% 미만 데이터의 경우 제시하지 않음.
※ 빨간색 음영 : 전체 평균 대비 +5%P 이상인 데이터

오픈서베이가 10~50대 남녀 610명을 대상으로 조사한 '소셜미디어와 검색포털 리포트 2020'에 따르면 유튜브, 인스타그램을 과거 대비 이용률 및 향후 이용에 있어서 긍정적 흐름을 예상했다.

■ 이용 증가　■ 이용 감소

1년전 대비 이용 변화		
유튜브	66.2	4.4
인스타그램	40.2	6.6
네이버 블로그	17.0	21.5
페이스북	12.6	20.5
밴드	9.7	16.1

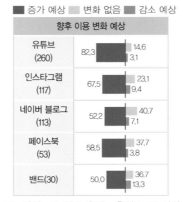

■ 증가 예상　■ 변화 없음　■ 감소 예상

향후 이용 변화 예상		
유튜브 (260)	82.3	14.6 / 3.1
인스타그램 (117)	67.5	23.1 / 9.4
네이버 블로그 (113)	52.2	40.7 / 7.1
페이스북 (53)	58.5	37.7 / 3.8
밴드(30)	50.0	36.7 / 13.3

▲ ( ) : 최근 1개월 내 소셜미디어 이용자, N=610, 단위 : %, 단수 응답　　출처 : 오픈서베이

오픈서베이가 광고 접촉 후 구매/이용희망자 257명을 대상으로 조사한 '소셜미디어와 검색포털 리포트 2020'에 따르면 인스타그램 이용자 10명 중 7명은 게시물을 보고 관련 제품 등의 이용의향을 느끼고, 그중 76%는 실제 해당 제품을 구입한 경험이 있었다. 인스타그램 정보 접촉 후 구매 충동 경험은 전년 대비 다소 줄어든 반면, 구매 관심을 끌게 되었을 때 실제 구매로 이어지는 비중은 오히려 증가하였다. 이때, 구매 또는 이용의향 영향 요인의 1순위가 사진/영상의 퀄리티가 좋았기 때문이라고 하였다.

• 게시물/광고 접촉 후 구입/이용 의향 여부

구입/이용 의향 경험 [( ) : 최근1개월 인스타그램 이용자, N=386]		경험 있음	경험 없음
성별	남(174)	51.1	48.9
	여(209)	80.4	19.6
연령별	10대(90)	63.3	36.7
	20대(93)	69.9	30.1
	30대(89)	69.7	30.3
	40대(58)	67.2	32.8
	50대(53)	64.2	35.8

실제 구입/ 이용 경험 [( ) : 게시물 광고 접촉 후 구입/이용 의향자, N=257]		경험 있음	경험 없음
성별	남(89)	65.2	34.8
	여(168)	76.2	23.8
연령별	10대(57)	59.6	40.4
	20대(65)	73.8	26.2
	30대(62)	83.9	16.1
	40대(39)	74.4	16.1
	50대(34)	67.6	32.4

	Gap	
경험 있음	75.1	68.3
	-6.8%	
경험 없음	24.9 +6.8%	31.7
	2019(N=265)	2020(N=293)

	Gap	
경험 있음	66.3	76.0
	+9.7%	
경험 없음	33.7 -9.7%	24.0
	2019(N=199)	2020(N=200)

▲ 출처 : 오픈서베이

• 구입 또는 이용 의향 요인

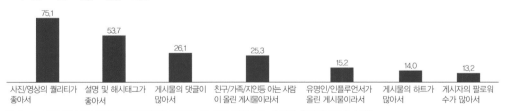

사진/영상의 퀄리티가 좋아서	설명 및 해시태그가 좋아서	게시물의 댓글이 많아서	친구/가족/지인등 아는 사람이 올린 게시물이라서	유명인/인플루언서가 올린 게시물이라서	게시물의 하트가 많아서	게시자의 팔로워 수가 많아서
75.1	53.7	26.1	25.3	15.2	14.0	13.2

※ Base : 게시물/광고 접촉 후 구입/이용 의향자, N=257, 단위 : %, 순위형 응답2(1+2+3 순위)

▲ 출처 : 오픈서베이

03
나는 인스타마켓으로 월급을 받고 있다

2018년 11월 월 매출 약 1백만 원으로 시작했지만 2020년 1월 현재 인스타그램만으로 연 매출 6억 갱신했으며, 꾸준히 증가하고 있다. 다음 도표와 같이 월 매출이 꾸준히 성장하기까지 소요된 시간은 단, 1년 9개월이다.

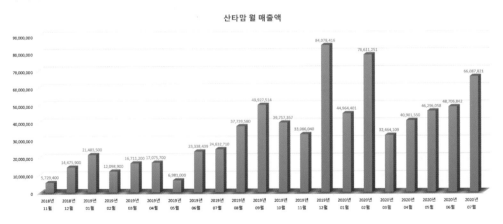

산타맘 월 매출액

인스타마켓 시작에 필요했던 것은 핸드폰뿐

재고를 쌓아놓지 않는 위탁배송의 형태로 진행했기에 창업을 위한 자본은 필요하지 않았다. 그야말로 무자본 창업이었다. 무자본 창업에 대한 자세한 내용은 "Part 02−상품 사입없이 나도 판매자, 도매매 배송대행"을 참조한다.

또한, 일상을 공유하면서 시작한 마켓이었기 때문에 비싼 카메라도 필요치 않았다. 사진관을 운영하는 등 사진의 퀄리티 자체가 굉장히 중요한 콘텐츠의 경우는 필수겠지만, 필자의 경우에는 핸드폰만으로도 충분했다.

2년 전 나를 따라다니는 단어

'경단녀', '아줌마', '사투리', '육아맘', '애둘맘'이라는 호칭이 나를 대변하는 모든 것이었다. 스펙이 높은 것도 아니고 마케팅에 대해 잘 알지도 못했으며 주변에는 그 어떤 멘토도 없었다.

낯가림이 심해서 먼저 다가가는 것이 익숙하지 않았고 인스타그램에 대해 전혀 몰랐다. 그렇지만 1년 9개월 만에 인스타그램, 블로그, 유튜브, 틱톡 총 4개의 SNS 채널을 운영하고 작가, 마케팅 컨설턴트가 되었다. 이 모든 시작은 인스타그램이었다.

모두가 반대했던 첫 시작

처음 인스타마켓을 시작하려고 마음먹었을 때 주변 지인들에게 조언을 구했었다. 새로운 일에 대한 막연한 불안감이 있었는지 모른다. 그때 돌아오는 답은 전부 NO, 부정적이었다.

"너는 인스타그램 팔로워도 얼마 없잖아."
"연예인처럼 이쁜 것도 아니잖아."
"내 친구가 인터넷 쇼핑몰을 해봤는데 홍보비만 날리고 지금은 운영을 접었어."
"이거 하는 사람 엄청 많아."
"인스타그램은 한물갔대."
"애 키우기도 바쁜데 무슨 판매야" 등등 전부 부정적인 말뿐이었다.

그 누구 한 명도 무조건 할 수 있다고 말해준 사람은 없었다. 아마도 그들도 그때의 나처럼 SNS에 대해 알지 못해서였을 것이다.

하지만 불과 2년 가까이 흐른 지금 나는 단연코 인스타그램 하나만으로도 충분히 월급을 벌 수 있다고 확신한다. 일상을 공유하면서 계정을 키우는 것 자체만으로도 충분히 수익화가 될 수 있다고 말이다.

워라벨

둘째 아이 만삭 때까지 출퇴근하면서 워킹맘으로 지냈던 나는 현재 생활에 매우 만족하고 있다. 출근 시간에 쫓기지 않고 아이들을 등원시키고 하원도 직접하고 아이가 등원할 수 없을 때도 급하게 맡겨야 할 곳을 찾느라 전전긍긍하지도 않는다. 늘 집에서 일하기 때문이다.

쉬고 싶을 때는 누군가의 허락 없이 쉴 수도 있고 원하는 만큼의 업무를 처리한다. 아이들이 원한다면 북적이는 주말 대신 평일에 여행을 갈 수 있다. 내 사업이기에 누구의 눈치도 볼 필요가 없다. 무자본 창업이었기 때문에 지금 당장 일을 그만둔다 하더라도 손해 볼 것이 없다.

인스타그램은 나의 일터이자 놀이터이다. 코로나로 쉽게 누군가를 만나지 못하는 요즘 나는 매일 매시간 전국에 있는 엄마들과 소통하고 수다하고 정보를 공유한다. 내가 아는 것을 나누고 모르는 것을 그들로부터 배운다. 그러면서 자연스럽게 나도 엄마로서 성장한다.

직장 다닐 때보다 훨씬 더 여유롭지만, 수입은 훨씬 더 많다.

어떻게 매출 6억을 달성했을까?

'공동구매'라는 방식을 통해서 판매를 진행한다. 인스타그램 상에서 일종의 쇼핑몰을 운영하는 방식이다. 오픈몰의 경우 (검색으로 가격이 바로 노출되는 쿠팡, 11번가, 스마트스토어 등) 네이버 검색창에 제품을 검색하는 것만으로도 가격부터 쭉 나열이 되고 필요한 고객이 바로 클릭하여 구매할 수 있는 특징이 있다.

하지만 인스타그램은 오픈마켓과 달리 검색으로 가격이 노출되지 않는다. 유통마진을 최소화해서 가격을 노출하지 않는 선에서 인터넷 최저가보다 저렴하게 판매한다. (일부 제품 제외). 판매 기간은 자유롭게 설정할 수 있다.

다음은 산타맘이 인스타그램에서 진행했던 공동구매의 판매 게시글이다.

santamom_insta #백억유산균 5차 오픈 & #이벤트

☑️무조건 무료배송
☑️3박스 구매시 무려 #면역플러스 본품증정

유산균 고르는 방법에 대해 아시고 싶으신 분은 꼭 블로그
읽어봐주세요

▶ 첫째, 투입균수를 보시는 것이 아니라 장까지 살아서 가는
유산균 수(보장균수)가 얼마인지를 확인하셔야 합니다

다음은 위와 같은 판매 게시글들로 2021년 1월 6일~10일까지 5일 동안 총 17,135,500원의 매출을 달성했다. 또한 매출 규모는 앞으로 증가할 것으로 예측된다.

일별 매출 리스트 구분(일)을 클릭하시면 상세 매출내역을 확인하실 수 있습니다

구분(일)	구간별 할인	포인트	쿠폰	결제금액	결제건수	취소금액 (부분취소)	취소건수/ 부분취소 건수	정상금액
2021-01-10 (일)	0	0	0	2,145,000	11	0	0	2,145,000
2021-01-09 (토)	0	0	0	2,182,400	14	0	0	2,182,400
2021-01-08 (금)	0	0	0	5,273,400	29	195,000	1	5,078,400
2021-01-07 (목)	0	0	0	2,788,350	18	0	0	2,788,350
2021-01-06 (수)	0	0	0	5,152,000	24	0	0	5,152,000
소계	0	0	0	17,541,150	96	195,000	1	17,346,150

04
팔로워 600명으로 첫 제품 소싱하다

나의 첫아이는 두 돌이 될 때까지도 잔병치레가 잦았다. 새벽에 한 시간에 한 번씩 일어나 기침하고 구토하다 자느라 새벽에 이불빨래가 일상일 정도였으니 말이다. 여느 엄마들처럼 아이에게 도움 되는 제품을 찾다가 지인의 소개로 면역 시럽을 알게 되었다.

다행히 첫아이에게 해당 제품이 잘 맞아서 자주 가던 병원을 가지 않을 정도로 효과를 많이 보게 되었다. 그 이후 이 제품을 더 많은 사람에게 소개하면 어떨까? 라는 생각을 가지게 되었고, 제품의 제조사를 검색해보니 인스타그램에서 공동구매를 진행하는 업체였고 본사에 호기롭게 전화를 했다.

그 당시 팔로워 수는 600명 남짓으로 공동구매를 진행하기에는 매우 적은 수였기에 검토해보겠다는 회신뿐이었다. 계정을 키우면서 계속해서 회사에 판매 의사를 밝혔다.

여러 번의 연락 끝에 해당 회사의 대표님께서 미팅을 위해 직접 내가 사는 경상남도 김해로 오셨고 둘째 아이를 업고 오랜 시간 미팅했다. 궁금했던 부분과 제품에 대한 의견들을 많이 나눈 후 회사에 대한 신뢰와 믿음을 가질 수 있었고 준비를 거쳐 팔로워 1,000명일 때 첫 공구를 시작할 수 있었다.

05
첫 판매, 1분 만에 완판!

마켓의 첫 판매, 3일간의 성과

첫 판매는 예상보다 좋은 성과를 냈다. 준비된 100병의 수량이 1분 만에 완판되고 (전산입력 시간 차이로 실제로는 4분 동안 145병, 매출 432만 원) 얼마 후 다음 제품은 3일간 500박스를 판매했다. 첫 판매 매출액은 300만 원가량, 다음 제품의 매출액은 무려 1,000만 원 정도를 기록했는데, 그때의 팔로워 수는 1,000명이었다.

번호	주문일자	상품명	상품수량	총 품목 금액
1	2018-12-23 0:00	장인정신 에브리데이 플러스(산타맘)	5	149,000
2	2018-12-23 0:00	장인정신 에브리데이 플러스(산타맘)	5	149,000
3	2018-12-23 0:00	장인정신 에브리데이 플러스(산타맘)	10	298,000
4	2018-12-23 0:00	장인정신 에브리데이 플러스(산타맘)	5	149,000
5	2018-12-23 0:00	장인정신 에브리데이 플러스(산타맘)	2	59,600
6	2018-12-23 0:00	장인정신 에브리데이 플러스(산타맘)	5	149,000
7	2018-12-23 0:00	장인정신 에브리데이 플러스(산타맘)	2	59,600
8	2018-12-23 0:00	장인정신 에브리데이 플러스(산타맘)	5	149,000
9	2018-12-23 0:00	장인정신 에브리데이 플러스(산타맘)	1	29,800
10	2018-12-23 0:00	장인정신 에브리데이 플러스(산타맘)	5	149,000
11	2018-12-23 0:00	장인정신 에브리데이 플러스(산타맘)	10	298,000
12	2018-12-23 0:00	장인정신 에브리데이 플러스(산타맘)	5	149,000
13	2018-12-23 0:01	장인정신 에브리데이 플러스(산타맘)	5	149,000
14	2018-12-23 0:01	장인정신 에브리데이 플러스(산타맘)	5	149,000
15	2018-12-23 0:01	장인정신 에브리데이 플러스(산타맘)	5	149,000
16	2018-12-23 0:01	장인정신 에브리데이 플러스(산타맘)	1	29,800
17	2018-12-23 0:01	장인정신 에브리데이 플러스(산타맘)	5	149,000
18	2018-12-23 0:01	장인정신 에브리데이 플러스(산타맘)	5	149,000
19	2018-12-23 0:01	장인정신 에브리데이 플러스(산타맘)	5	149,000
20	2018-12-23 0:01	장인정신 에브리데이 플러스(산타맘)	2	59,600
21	2018-12-23 0:01	장인정신 에브리데이 플러스(산타맘)	5	149,000
22	2018-12-23 0:01	장인정신 에브리데이 플러스(산타맘)	5	149,000
23	2018-12-23 0:01	장인정신 에브리데이 플러스(산타맘)	5	149,000
24	2018-12-23 0:02	장인정신 에브리데이 플러스(산타맘)	1	29,800
25	2018-12-23 0:02	장인정신 에브리데이 플러스(산타맘)	5	149,000
26	2018-12-23 0:02	장인정신 에브리데이 플러스(산타맘)	10	298,000
27	2018-12-23 0:02	장인정신 에브리데이 플러스(산타맘)	5	149,000
28	2018-12-23 0:03	장인정신 에브리데이 플러스(산타맘)	1	29,800
29	2018-12-23 0:03	장인정신 에브리데이 플러스(산타맘)	5	149,000
30	2018-12-23 0:04	장인정신 에브리데이 플러스(산타맘)	5	149,000
31	2018-12-23 0:04	장인정신 에브리데이 플러스(산타맘)	5	149,000
합계			145	4,321,000

◀ 산타맘의 첫 판매 매출액

완판 이후 왜 이 제품을 선택했는지, 어떤 효과를 보았는지도 서서히 일상과 더불어 알리기 시작했다. 손품과 발품을 팔아서 진행절차를 밟아왔기에 스토리를 풀어나가기에 모자람이 없었다.

공구 오픈 전 나눔 이벤트를 통해 팔로워들이 먹어볼 수 있게 하여 후기를 수집했고, 아이가 먹는 모습, 성분, 효능을 피드로 나타내고자 노력했다. 제품 성분에 대해 알아보고 공부한 것들은 블로그에 담아냈다.

첫 단추를 잘 끼워야 한다

　나의 첫 공구는 노력했던 만큼 만족스러운 성과를 냈다. 첫 공구 이후 몇 번의 좋은 성과는 지난 2년간 공동구매를 진행해오면서 다소 결과가 좋지 않을 때도 포기하지 않고 꾸준히 진행할 수 있었던 원동력이 되었다.

　한가지의 제품을 시작할 때에도 시간에 쫓겨서 진행하기보다는 제품에 대해 까다롭다고 생각할 정도로 성의를 보인 덕에 구매했던 고객들은 신뢰하고 재구매로 이어질 수 있었고, 시간이 지나니 신뢰해주는 고객들 덕에 조금씩 성장을 이루어 낼 수 있었다.

　아마 초반 몇 번의 공동구매의 결과가 좋지 않았다면 꾸준히 진행할 원동력이 되지 않았을 수도 있었다. 어떤 제품을 선택해서 진행하든지 제품의 유명세나 중간 이윤만을 선택기준에 넣기보다는 제품력에 집중한다면 앞으로 발전 가능성이 더 큰 마켓으로 성장할 수 있을 것이다.

팔로워가 많을수록 판매가 잘될까?

　팔로워 수가 많을수록 내 게시물을 보는 사람 자체가 많아 지는 것이므로 노출이 많이 된다. 또한 많이 노출될수록 자연스럽게 판매도 증가할 수 있을 것이다. 하지만 중요한 점은 타겟이 정확히 맞았을 때 이 논리가 적용된다는 것이다.

　내 팔로워들의 특성과 관심사를 정확히 파악하지 못한다면 공동구매를 진행하더라도 외면받을지도 모른다. 같은 육아맘이라도 대다수 고객의 아이들이 5~6세인데 기저귀를 판매한다면 당연히 구매수요가 많지 않을 것이다.

　또한, 판매 기간과 판매 전략에 따라서도 결과는 달라질 수 있다. 그렇기에 팔로워 수가 적다고 판매가 안될 것이라고 의기소침해질 필요도 팔로워 수가 많다고 무조건 판매가 잘될 거라는 믿음도 가질 필요가 없다.

06
인스타그램 30일 창업 계획표 세우기

인스타그램 계정 만들기부터 시작되는 인스타마켓 창업, 접근이 쉬운 만큼 중도 포기도 쉽다.

다음 표는 누구나 꾸준히 인스타마켓을 운영할 수 있도록 필자의 창업 경험을 토대로 작성한 창업 계획표이다. 창업 계획을 잘 세워야 방향성을 잃지 않고 꾸준함을 유지할 수 있다. 여러분들도 인스타그램 30일 창업 계획표 세우기와 실천을 통해 첫 판매를 시작할 수 있도록 해보자.

이 책의 내용은 다음 창업 계획표의 순서대로 구성되어 있기 때문에 실천하기 용이할 것이다.

1일차	2일차	3일차	4일차	5일차
인스타그램 계정만들기	시장조사	시장조사	시장조사	시장조사
프로필 설정하기	인스타그램 모든 기능 사용해보기	인스타그램 모든 기능 사용해보기	관련 주제 1피트 & 1스토리	관련 주제 1피트 & 1스토리
관심 타겟 설정하기	관심 타겟 소통하기	관심 타겟 소통하기	관심 타겟 소통하기	관심 타겟 소통하기
6일차	**7일차**	**8일차**	**9일차**	**10일차**
인허가 관련 신고사업자등록증. 통신판매업등록 등록	제품소싱	제품소싱	제품소싱	제품소싱
관련 주제 1피드 & 1스토리	관련 주제 1피드 & 1스토리	관련 주제 1피드 & 1스토리	관련 주제 1피드 & 1스토리	관련 주제 1피드 & 1스토리
관심 타겟 소통하기	관심 타겟 소통하기	관심 타겟 소통하기	관심 타겟 소통하기	관심 타겟 소통하기
11일차	**12일차**	**13일차**	**14일차**	**15일차**
판매절차 준비하기-결제페이지 등록 등	제품소싱/가격 협의하기	제품소싱/가격 협의하기	제품소싱/가격 협의하기	제품소싱/가격 협의하기
관련 주제 1피드 & 1스토리	관련 주제 1피드 & 1스토리	관련 주제 1피드 & 1스토리	관련 주제 1피드 & 1스토리	관련 주제 1피드 & 1스토리
관심 타겟 소통하기	관심 타겟 소통하기	관심 타겟 소통하기	관심 타겟 소통하기	관심 타겟 소통하기
16일차	**17일차**	**18일차**	**19일차**	**20일차**
택배 계약	상품촬영/제품 정보 정리하기	상품촬영/제품 정보 정리하기	상품촬영/제품 정보 정리하기	상품촬영/제품 정보 정리하기
관련 주제 1피드 & 1스토리	관련 주제 1피드 & 1스토리	관련 주제 1피드 & 1스토리	관련 주제 1피드 & 1스토리	관련 주제 1피드 & 1스토리
관심 타겟 소통하기	관심 타겟 소통하기	관심 타겟 소통하기	관심 타겟 소통하기	관심 타겟 소통하기
21일차	**22일차**	**23일차**	**24일차**	**25일차**
마케팅/홍보하기	마케팅/홍보하기	마케팅/홍보하기	마케팅/홍보하기	마케팅/홍보하기
판매 전 이벤트로 관심끌기	관련 주제 1피드 & 1스토리	관련 주제 1피드 & 1스토리	관련 주제 1피드 & 1스토리	관련 주제 1피드 & 1스토리
관심 타겟 소통하기	관심 타겟 소통하기	관심 타겟 소통하기	관심 타겟 소통하기	관심 타겟 소통하기
26일차	**27일차**	**28일차**	**9일차**	**30일차**
판매 진행	판매 진행	판매 진행	정산 및 배송확인	정산 및 배송확인
판매 제품 1피드 & 1스토리	판매 제품 1피드 & 1스토리	판매 제품 1피드 & 1스토리	관련 주제 1피드 & 1스토리	관련 주제 1피드 & 1스토리
고객 응대 & CS 처리	고객 응대 & CS 처리	고객 응대 & CS 처리	고객 응대 & CS 처리	고객 응대 & CS 처리
관심 타겟 소통하기	관심 타겟 소통하기	관심 타겟 소통하기	관심 타겟 소통하기	관심 타겟 소통하기

'더 에르고' 허선회 대표 인터뷰

인스타그램 : @the_ergo_official
쇼핑몰 : https://www.theergo.co.kr
주요 판매 아이템 : 유아용품 외 엄마들이 필요한 용품

Q1 '더 에르고'는 어떤 곳인가요?

아이를 키우는 30~40대 주부들이 유아용품, 먹거리, 생활용품 등 검증된 다양한 제품들을 믿고 구매할 수 있는 곳입니다.

Q2 '더 에르고'를 시작하게 된 계기와 현재는 어떤 모습으로 발전되었나요?

20대 초반에 일찍 결혼했어요. 아이를 낳기 전 출산용품을 중고나라에서 구매하려고 출산 카테고리를 매일 살펴보던 중 시세보다 많이 저렴하게 올라오는 물건을 보게 되었습니다. 이때 '아 이렇게 싸게 올라오는 물건들을 구매해서 사진을 더 잘 찍어 되팔면 돈이 되겠다.'고 생각하여 하루에 두세 개씩 저렴하게 나오는 물건들을 구매해서 시세에 맞춰서 팔았습니다. 이게 첫 판매 시작이었는데, 이 상황이 너무 흥미로웠고 새 제품도 판매하면 좋겠다 싶어서 그때부터 도매처를 찾게 되었습니다.

중고나라에서 새 제품을 간간이 판매하다 네이버 카페를 만들게 되었습니다. 네이버 카페를 운영하면서 공구를 시작하게 되었고, 공구하는 제품의 검색어가 네이버 상단에 노출되는 로직을 알게 되어 카페 회원 수 2만여 명 정도의 규모로 키웠습니다. 그러다 공동구매 시장이 카카오스토리 쪽으로 넘어가면서 카카오스토리 채널 '에르고'를 시작하게 되었습니다. 에르고를 운영하면서 5개의 채널을 더 만들어 15만 명 회원 수를 만들었습니다. SNS마켓의 트랜드가 카카오스토리에서 인스타그램으로 넘어가면서 인스타그램 계정도 함께 시작하게 되었습니다. 현재 인스타그램 팔로우 수는 13만 2천명이고, 점점 더 늘어나고 있습니다.

영원한 SNS마켓은 없다고 생각하여 자사몰과 앱을 만들게 되었고, 현재 '더 에르고' 쇼핑몰 회원수는 23만 명, 앱 설치수는 5만 8천명입니다. 현재는 인스타마켓, 사이트, 앱을 메인으로 운영하고 있습니다.

▲ 더 에르고 인스타그램 : @the_ergo_official ▲ 더 에르고 쇼핑몰(https://www.theergo.co.kr) ▲ 더 에르고 앱

Q3 '더 에르고'의 특징, 운영 방침 등은 무엇인가요?

다른 인스타마켓과 차별화를 두려고 많이 노력하고 있습니다. 그래야 경쟁력이 있기 때문입니다.

특히, 자체물류센터를 운영하기 때문에 자체배송상품은 묶음 배송할 수 있도록 운영하고 있습니다. 자체배송상품들은 상시판매될 수 있게 하였고, 위탁판매인 업체배송상품은 기간을 정해서 공동구매 방식으로 운영합니다. 하루에 업데이트 되는 상품은 최소 5개 정도입니다. 다양한 상품들이 일요일을 제외하고 매일 업데이트 되고 있습니다.

Q4 인스타마켓을 통한 공동구매 관련 포스트(글)를 작성할 때 가장 중요하게 생각하는 부분은 무엇인가요?

인스타마켓 운영에서 가장 중요한 것 중 하나가 포스트라고 생각합니다. 더 에르고에서 발행하는 포스트는 직원이 아닌, 제가 직접 검토하고 작성합니다. 포스트를 작성할 때 가장 중요하게 생각하는 것은 고객에게 가장 먼저 보이는 '첫 문장'입니다. 첫 문장은 고객이 흥미를 느껴 '더보기'를 눌러 계속 나머지 전체를 읽을 수 있게끔 강조할 부분, 중요한 부분을 작성합니다. 만약 가격이 가장 큰 특징이라면 가격 부분을 첫 문장에 노출하는 식으로 작성합니다.

전체적인 내용은 고객들이 필수적으로 확인해야 할 부분을 중심으로 작성하고, 고객에게 제일 반응이 좋은 포스트는 직접 테스트하고 쓴 후기 형식의 글입니다. 신기하게도 제가 정말 많이 만족하고 사용하는 상품들은 글에도 그대로 드러나는지 판매율도 높게 나타났습니다.

Q5 '더 에르고' 인스타마켓을 운영하면서 가장 힘들었던 순간은 언제인가요?

2019년에 초당 옥수수를 판매했는데 샘플을 받아보고 상태가 좋고 맛도 좋아서 공구를 진행 했었습니다.

2,000세트 정도 판매를 하였는데, 고객들이 주말에 물건을 받고 옥수수 상태가 좋지 않다는 댓글이 막 올라오기 시작했습니다. 수확할 때와 배송할 때 비가 많이 와서 습기를 머금어 썩어 상태가 좋지 않은 옥수수가 배송된거죠. 옥수수는 껍질에 쌓여있어 일일이 전체 수량을 검수할 수 없었기 때문에 그대로 발송되었던 것입니다. 기억이 가물가물하지만, 그 주말에 안 좋은 댓글이 200개 넘게 달렸었고, 상황이 심각하다고 생각하여 고객들께 죄송하다는 말과 상태 안 좋은 옥수수는 처리해드린다는 내용의 글을 직접 작성해서 문자를 보냈고, 홈페이지 팝업에도 공지했습니다. 고객들께 신뢰를 많이 잃었던 점과 제일 중요하게 생각하는 신뢰가 무너졌다는 것이 가장 힘들었던 것 같습니다. 그래도 대처를 잘하여 전화위복이 된 것 같습니다.

Q6 인스타그램 공동구매용 상품 공급은 어떤 방식으로 진행하시나요?

더 에르고는 주문을 받고 상품 공급 업체는 상품을 발송하는 위탁판매 방식으로 진행하고, 물건을 더 에르고의 창고로 사입하여 자체배송판매도 진행하고 있습니다. 장난감 브랜드 '베베포레', 의류&잡화브랜드 '에끌', 생활용품 브랜드 '모어하우스'로 직접 제작도 진행하고 있습니다.

Q7 인스타마켓 공동구매 진행 시 고객들의 상품 결제는 주로 어떤 방식을 이용하시나요? 별도로 이용하시는 결제시스템이 있으신지요?

상품 결제는 인스타그램에서 앱으로 들어오거나, 쇼핑몰로 들어와 일반 쇼핑몰과 동일하게 카드결제, 네이버페이, 무통장입금으로 받고 있습니다.

Q8 고객 문의와 상담 및 교환, 반품 대처 방법은?

좋은 물건을 파는 것도 중요하지만, 가장 중요한 건 고객과 소통이 잘 되는 CS라고 생각합니다. 더 에르고의 CS 직원들은 진행상품을 직접 체험하기 때문에 상품문의에 대한 사실적 답변이 가능합니다. 3자 물류를 사용하지 않고 자체물류를 고집하는 이유도 진행하는 상품들은 창고에 가면 얼마든지 볼 수 있게 하기 위해서입니다. 단, 업체배송 상품들은 샘플을 받아 확인합니다. 교환/반품의 경우, 고객과실을 제외하고 신속하게 처리해드리려고 노력하고 있습니다. 품질 등 강성 불만의 경우, CS팀장님이 고객과 직접 통화하여 소통함으로써, 의견을 듣고 개선 반영하는 데 힘쓰고 있습니다. CS 관련된 이슈 사항은 매일 보고 받고 있으며, 중요하고 긴급한 이슈 사항은 실시간 보고 받고 빠르게 개선하려고 노력합니다.

Q9 인스타마켓 운영 시 주의해야 할 사항은?

인스타마켓의 특징은 운영자를 믿고 구매하는 것이기 때문에 한번 그 신뢰를 잃으면 힘들어집니다.

신뢰를 잃지 않도록 공동으로 구매하는 상품에 대한 꼼꼼한 검토가 필요합니다.

Q10 인스타마켓을 준비하려는 독자에게 들려주고 싶은 이야기가 있다면?

"일에 미치지 않으면, 노력하지 않으면 성공할 수 없다!"

인스타마켓이 쉽게 돈 버는 것 같지만 주변에 인스타마켓을 운영하는 분들을 보면 대부분 정말 일을 많이, 열심히 하십니다. 인스타마켓을 운영하려면 노력은 기본이고, 취급하는 상품에 대한 타고난 안목도 필요합니다.

Q11 앞으로 계획이 있다면?

앞으로 다양한 제품을 판매하고, 제품에 관한 공부는 끊임없이 할 계획입니다. 새로운 제품들을 사용해보면서 상품에 대한 안목을 더 키워 저 자신의 MD 역량도 늘릴 것이고, MD 분야 인력을 충원해 상품기획을 더 세분화하고 집중적으로 키울 예정입니다.

회사를 이끌어 나가면서 경영능력과 리더십은 아직 많이 부족하지만, 그 부분은 계속 경험을 통해 개선해 나갈 예정입니다. 아직도 부족한 대표, 회사이지만 완벽한 대표, 회사는 없다고 생각합니다. 완벽해지기 위해 부족한 부분을 계속 보완 개선하다 보면 회사는 자연스럽게 성장할 수 있다고 생각합니다.

인스타그램 실전 A부터 Z까지, 이것만 알아도 인스타그램 키우기 어렵지 않다.

따라오면 돈이 된다!
인스타마켓 만들고 꾸미고
운영하기

01
인스타그램 계정 종류 살펴보기

인스타그램 계정에는 어떤 것들이 있는지 살펴보자.

인스타그램 계정은 여러 개 만들 수 있다. 본인의 사생활을 중심으로 올리는 개인 계정, 개인 개정이지만 컨셉이 다른 별개의 개인 계정 또는 본인의 사업이나 마케팅용 계정을 분리해서 목적에 따라 선택해서 만들고 운영할 수 있다.

❶ 개인 계정

개인의 일상을 공유하거나 취미, 업무, 지인, 모르지만 관심사가 비슷한 사람들과 소통하고 관계를 맺는 목적으로 사용한다. 인스타그램 사용자 중 가장 일반적으로 많이 사용하는 유형이 개인 계정이다. 개인 계정은 일반적으로 개인의 일상 공유를 시작으로 공동구매, 홍보 채널 등 특정 비즈니스 목적으로 함께 운영하는 유형이 대표적이다.

개인 계정은 공개와 비공개로 설정할 수 있다. 기본적으로 누구나 인스타그램에서 나의 프로필과 게시물을 볼 수 있다. 반면 비공개 계정은 승인된 팔로워만 내 계정의 게시물을 볼 수 있다. 팔로우의 승인 요청을 승인하거나 거절할 수 있다. 또한, 계정을 비공개로 설정한 경우 승인된 팔로워만 해시태그 또는 위치 페이지에서 내 계정의 사진이나 동영상을 볼 수 있다.

계정을 성장시키기 위해 공개 계정 설정은 필수이다.

❷ 컨셉트 계정

　개인의 일상 또는 취미, 업무 등에서 특정 주제의 콘텐츠만 공유하는 것이 컨셉트 계정
이다. 컨셉트 계정은 개인 계정과 운영 목적을 명확히 구분해서 운영해야 한다.

❸ 프로페셔널 계정

　프로페셔널 계정은 비즈니스에 적합한 서비스를 사용할 수 있는 상태로 바뀐다는 것을
의미한다. 프로페셔널 계정으로 전환하면 인스타그램을 방문하는 팔로워, 방문자의 연령,
위치, 댓글, 공유, 방문자수, 브랜드 언급수, 콘텐츠로 발생한 수익 등을 분석할 수 있는
인사이트 도구를 사용할 수 있다. 프로페셔널 계정은 크리에이터와 비즈니스 두 가지 유
형으로 구분된다. 언제든지 변경할 수 있다.

　어느 누군가 특정 계정을 팔로우한다는 것은 기존의 게시물 뿐 아니라 앞으로의 게시글
을 기대한다는 의미이다. 그러므로 계정은 목적과 성격에 따라 명확히 구분할 필요가 있
는 것이다.

　다이어트 관련 내용을 찾다 우연히 마음에 드는 ○○다이어트 계정이 있어 팔로우했다고
가정해보자. 그런데 ○○다이어트 계정에 맛집, 레시피 관련 피드만 올린다면 어떨까? 다이
어트를 해야 되는 입장에서 맛집, 레시피 관련 피드를 계속 보는 건 상당히 부담스러울 것이
다. 반면 ○○다이어트 계정엔 꾸준히 다이어트 관련 좋은 피드를 올리면 팔로워들은 만족할
것이고, '좋아요'를 많이 받는다면 그 사람의 주변 지인들에게도 공유될 것이다.

　개인 계정은 지인들과 일상을 공유하는 목적이라면 컨셉트 계정은 특정 주제에 관심사
가 비슷한 사람들과 소통하는 계정이라 할 수 있다.

　다음 그림1은 유아 쇼핑몰 10년 차를 운영하는 더 에르고의 공식 인스타그램 계정(@
the_ergo_official)이고, 그림2는 에끌, 베베포레, 모어하우스 등 더 에르고의 자체 브랜
드 제품을 소개하는 더 에르고의 브랜드 계정(@the_ergo_brand)이다.

　다음 그림3은 산타맘 인스타 공식 계정(@santamom_insta)이고, 그림4는 산타맘 스
터디 관련 콘텐츠를 공유하는 산타맘의 비공개 계정(@santamom_study)이다. 비공개
계정은 승인을 허용한 팔로워에만 콘텐츠가 공유된다. 예를 들면 인스타그램 라이브 방송
을 비공개로 설정하면 팔로워와 실시간으로 방송을 진행할 수도 있다.

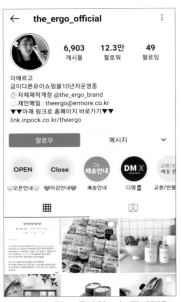

▲ 그림1 더 에르고 공식 인스타그램 계정(@the_ergo_official)

▲ 그림2 더 에르고 브랜드 인스타그램 계정(@the_ergo_brand)

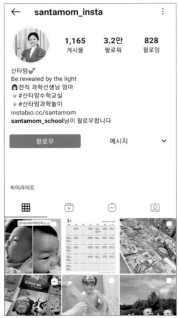

▲ 그림3 산타맘 공식 인스타그램 계정(@santamom_insta)

▲ 그림4 산타맘 스터디 인스타그램 비공개 계정 (@santamom_school)

앞의 그림2와 그림4 더 에르고와 산타맘 두 계정에서도 알 수 있듯이 컨셉트 계정은 특정 주제들만 공유된다. 이외에도 기업이나 브랜드에서 공식적으로 운영하는 브랜드 공식 계정, 브랜드 추가 계정, 커뮤니티 계정 등이 있다.

다음은 삼성전자 코리아와 신세계그룹의 공식 인스타그램 계정 사례이다.

▲ 삼성전자 공식 인스타그램 계정   ▲ 신세계 공식 인스타그램 계정

'#제주여행', '#홍대맛집', '#게스트하우스', #인테리어소품' 등은 특정 콘텐츠를 공유하는 커뮤니티 계정 유형이다. 예를 들면 '#게스트하우스'는 게스트하우스 정보를 공유하는 커뮤니티로 시작해서 전국의 게스트하우스 계정을 유입시키고, 정보를 공유하면서 팔로워가 많아지고 규모가 커지면 자연스럽게 브랜드 공식 계정으로 전환할 수도 있다.

캠핑업체가 처음부터 캠핑 커뮤니티 계정으로 시작해서 팔로워를 늘리고 규모를 키운 후 자연스럽게 캠핑 공식 브랜드나 비즈니스 계정으로 전환하는 사례와 같은 유형을 업계에서 많이 활용하고 있다.

계정의 주제를 찾는 방법은 "PART 02 08 인사이트 분석하여 멋진 계정 만들기"를 참조한다.

다음 단원에서는 계정을 만들어 실전 적용을 해보자.

02
인스타그램 계정 만들기

지금까지 인스타그램 계정의 종류에 대해서 알아보았다. 이번에는 인스타그램 계정을 만들어보자.

우선 인스타그램 앱을 내려받은 뒤에 설치한 후 가입을 진행하여 계정을 만든다.

1 구글 플레이에서 "인스타그램"을 검색한 후 인스타그램 설치 아이콘을 누른다. [설치] 버튼을 클릭해서 인스타그램을 설치한다. 설치 완료 후 인스타그램 실행 아이콘을 누른다.

2 이미 계정이 있는 경우에는 로그인하고 없다면 [새 계정만들기] 버튼을 누른다.

3 전화번호 또는 이메일은 입력한다. 전화번호 입력의 경우 문자로, 이메일 입력의 경우 메일로 인증번호가 발송된다. 인증번호 입력 후 [다음] 버튼을 누른다.

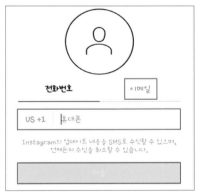
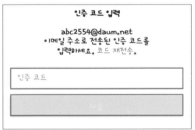

4 이름과 비밀번호를 입력하고 [계속진행하여 연락처 동기화하기] 또는 [연락처를 동기화하지 않고 계속하기] 버튼을 누른다.

⑤ 약관 동의 페이지가 나타나면 필수약관에 동의한다. 여기서는 '모두 동의' 체크 버튼을 누른 후 [다음] 버튼을 누른다.

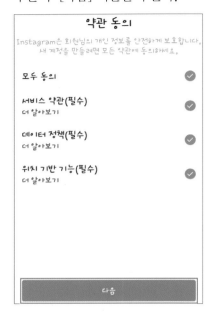

⑥ 생년월일을 입력한 후 [다음] 버튼을 누른다.

7 입력한 이름을 기반으로 임의 아이디가 설정된다. [다음] 버튼을 누른다.

8 Facebook에 연동시키기 위해 [Facebook에 연결] 버튼을 클릭하거나 연동을 원치 않으면 [건너뛰기] 버튼을 누른다.

※ 게시물을 홍보하거나 비즈니스 계정으로 변경할 때 facebook 연동이 필수이니 연동해두길 추천한다. Facebook 아이디가 없으면 간단한 가입절차를 밟으면 된다.

9 [사진 추가] 버튼을 클릭하여 프로필 사진을 추가한다. 물론 프로필 사진은 언제든지 변경가능하니 [건너뛰기] 버튼을 클릭해서 이 과정을 통과해도 된다.

10 새 계정을 입력하여 만들어진 초기 화면이 나타난다.

TIP 부 계정 만들기

주 계정을 만든 후 추가로 부 계정을 만드는 방법에 대해서 알아보자.
앞서 소개한 개인 계정, 컨셉트 계정, 프로페셔널 계정 등 목적에 따라 추가로 만들 수 있다. 단, 처음 인스타그램을 시작하는 경우 목적에 따라 최대 2~3개 정도만 운영하는 것을 추천한다. 한 개의 계정을 키우는 것도 상당한 시간과 노력이 필요하다. 너무 많은 계정을 운영하는 것은 시간과 노력이 분산될 수밖에 없으므로 추천하지 않는다. 두 개 이상의 계정을 운영한다면 한 가지는 주력, 나머지 계정은 연습용으로 구분하는 것을 추천한다.

1 프로필 메인화면 우측 상단의 설정 메뉴(≡)을 누른 후 계정 추가를 누른다.

❷ 계정 추가 페이지에서 [새 계정 만들기]를 누른 후 계정 사용자 이름을 입력하고 [다음]을 누른다. 비밀번호를 누른 후 [다음]–[가입 완료하기]–친구찾기와 프로필 사진 추가는 [건너뛰기] 버튼을 누르면 인스타그램 추가 계정 이 완성된다.

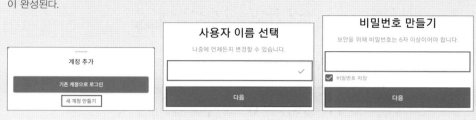

03
한 눈에 살펴보는 인스타그램 프로필 화면 구성 살펴보기

인스타그램 계정을 만들면 기본적인 화면 구성은 다음과 같다. 화면 구성의 아이콘들 기능에 대해서 알아보자.

❶ 사용자 이름(User Name) : 내 아이디라고 생각하면 된다. 영어, 숫자, 언더바(_), 점(.)으로 입력할 수 있다. 일반적으로 상호나 영어명칭을 사용한다. 만약 다른 사람의 인스타그램 계정에 댓글을 작성하거나 메시지를 보낼 때 자신의 프로필 사진과 함께 사용자 이름이 보이기 때문에 자신을 잘 알릴 수 있는 이름을 사용하면 좋다. 사용자 이름은 언제든지 수정할 수 있다.

이름 우측의 드롭 버튼(˅)을 클릭하면 다음과 같이 계정을 추가할 수 있는 창이 나타난다. [계정 추가]를 클릭하면 계정을 추가할 수 있다.

❷ 새로 만들기 : 피드 게시물, 스토리, 스토리 하이라이트, IGTV 동영상, 릴 등을 새로 만들 수 있다.

❸ 메뉴 : 인스타그램의 인사이트, 네임태그, 저장됨, 환경설정 등 인스타그램의 모든 설정 기능이 모여 있다.

❹ 프로필 사진 : 사진을 넣을 수 있다. 개인 계정이면 본인의 사진을 넣고, 브랜드 계정이면 브랜드 로고를 넣는 게 일반적이다. 프로필 사진은 언제든지 수정할 수 있다.

❺ 게시물 : 인스타그램 계정에 업로드한 게시물의 총 숫자이다.

❻ 팔로워 : 나를 팔로우(친구로 추가한 분)한 분의 총 숫자이다. 즉, 내 계정의 게시물을 구독하는 계정 숫자를 의미한다.

❼ 팔로잉 : 내가 친구로 추가한 계정의 총 숫자이다.

❽ 이름(Name) : 자신의 이름이다. 내 이름을 입력할 수도 있지만, 자신을 잘 나타내는 키워드를 입력하는 것이 좋다. 예를 들면 "셀프인테리어산타맘"이라고 입력해주면 '셀프인테리어'를 검색했을 때 함께 검색된다. 이름은 14일 안에 두 번만 변경할 수 있다.

❾ 프로필 편집 : 프로필 사진, 이름, 사용자 이름, 웹사이트, 소개글, 프로페셔널 계정으로 전환, 개인정보 설정 등을 할 수 있는 프로필 편집 페이지가 나타난다.

❿ 저장됨 : 타 계정의 게시물을 저장하여 모아보기 할 수 있다.

04
프로필 설정하기

인스타그램에서 프로필은 간략한 자기소개 그 이상 매우 중요한 부분이다. 프로필의 각 요소를 편집해보면서 중요한 이유에 대해서도 알아보자.

다음은 백토마켓, 더 에르고, 산타맘, 메이비홈 인스타그램의 프로필 영역이다.

100xrabbit •••

팔로우 ▼

엄마표미술 🐰백토마켓
🐰백토네 스포이드
📍디자인권등록 완료 - 동글동글 / 동물 / 멀티홀더
📅[공구 중] ~ 11/13 🌙 고래뱃속 창작그림책
📅🐰백토네 미술놀이 세트
⬇ 구매하기 ⬇
link.inpock.co.kr/100xrabbit

▲ 백토마켓 인스타그램 프로필

the_ergo_official •••

팔로우 ▼

더에르고
급이다른유아쇼핑몰10년차운영중
☁자체제작계정 @the_ergo_brand
✉제안메일 : theergo@ermore.co.kr
▼▼아래 링크로 홈페이지 바로가기▼▼
link.inpock.co.kr/theergo

▲ 더 에르고 인스타그램 프로필

santamom_insta •••

팔로우 ▼

산타맘🧡
THE SKY IS NOT WET
👩전직 과학선생님 엄마
◆#산타맘수학교실
◆#산타맘과학놀이
instabio.cc/santamom

▲ 산타맘 인스타그램 프로필

maybe_sweety •••

팔로우 ▼

메이비홈
11/24주방 멀티홀더
11/10 플마제 리플렉트 히터 3차
link.inpock.co.kr/maybesweet0601

▲ 메이비홈 인스타그램 프로필

이제 인스타그램 프로필을 편집해보자.

인스타그램 프로필 메인화면의 [프로필 편집]을 클릭하면 다음과 같은 프로필 사진, 프로필 이름, 소개, 프로필 링크를 설정할 수 있는 프로필 편집 페이지가 나타난다.

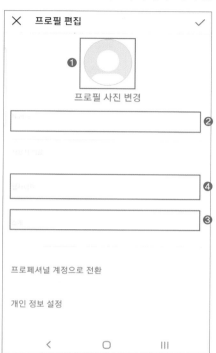

❶ 프로필 사진 / 스토리

프로필은 나의 첫 인상이자 현관문이라면 가장 이해가 편하다. 프로필에서 사진이 없는 경우 유령 계정으로 인식될 수 있으니 사진을 잘 선택하는 것도 중요하다.

프로필 사진은 일반적으로 인스타그램 계정 운영자의 사진을 추천한다. 글자로 적힌 로고여도 좋으나, 자칫 상업성이 짙은 계정으로 인식되어 접근성이 떨어질 수 있다. 로고로 선택했다면, 너무 많은 문구가 들어간 것은 삼가도록 한다.

다음 형태의 프로필 사진은 추천하지 않는다.

▲ 사진이 없는 경우　　　▲ 의도를 알 수 없는 풍경 사진　　　▲ 글자가 너무 많이 들어간 로고

❷ 프로필(사용자) 이름(Name)

언제든지 변경 가능하며 검색의 용이함을 위해 계정 이름(예, @santamom_insta)은 프로필 이름(예, 산타맘)의 영문 이름인 것이 좋다. 아이디를 꾸미기 위해 혹은 동일 아이디가 있어서 S2 ._.＿＿ 등의 기호를 사용하는 때도 있는데 너무 많이 사용하게 되면 검색할 때 쉽지 않기 때문에 유입이 어렵다는 점을 기억하자. Skdjfw1234(무작위적 단어 배열이나 숫자 배열) 등 읽기 어려운 닉네임은 추천하지 않는다. 기억하기 쉬운 이름으로 설정해보자.

소통을 위해서 호칭으로 불릴만한 닉네임을 정해서 활동하는 것이 좋다. 첫 라인은 자신의 활동명이나 이름을 기재하는 것이 좋다. 예를 들어 닉네임이 '건강한 사람'보다는 '산타맘'처럼 불리우고 싶은 이름으로 등록하는 그것이 유리하다.

이름 앞에 검색되고 싶은 수식어를 넣으면 검색 탭에서 검색했을 때 관련 계정으로 뜰 수 있으므로 수식어를 넣는 것도 좋다.

네이밍 수정 사례

- A족발 –〉 부산맛집 A족발 ("부산맛집"을 검색하면 관련 계정으로 노출된다.)
- B네일샵 –〉 네일샵 B (검색이 많이 되는 단어를 앞에 적을수록 노출이 많이 되니 순서를 바꾸는 것이 좋다.)

다음은 네임 수정 후 육아맘을 검색하니 상단에 '육아맘 산타맘'이 검색되어지는 것을 확인할 수 있는 사례이다.

❸ 소개

'더보기'를 누르기 전에 4줄 정도가 노출된다. 4줄을 어떻게 구성하는지에 따라 팔로잉 여부가 결정되기도 하므로 아래의 팁을 참고하여 그때그때 수정을 반복해서 최적화를 찾아내는 것이 중요하다.

첫째, 나를 나타내주는 간단한 설명을 추가하면 좋다. 이때 나타낼 수 있는 내용으로는 다음과 같다.
• 내가 좋아하는 문구
• 나의 관심사
• 앞으로 업로드할 주제
• 수상경력
• 직장
• 매장운영의 경우 : 쉬는 날, 개원일, 위치, 연락처
• 문의방법 : DM(카카오톡, 다이렉트 메시지, 전화번호 등)으로 문의하세요.

둘째, 검색에서 노출되고자 하는 해시태그를 닉네임이나 프로필 내용란에 넣는 것만으로도 팔로워 유입을 유도할 수 있다. 하지만 이는 최대 2~3개 정도로 제한하는 것이 좋다. 너무 많은 해시태그가 설정되어 있으면 스팸성 계정처럼 보일 우려가 있다.

셋째, 이모티콘을 사용해서 깔끔하게 꾸밀 수 있다. 이때도 마찬가지로 너무 많은 이모티콘은 가독성이 떨어지니 포인트를 주는 정도로만 사용해보자.

TIP **인스타그램 글자체 바꾸는 방법**

Cool Fonts 어플을 사용해서 문구를 다양한 글자체로 꾸밀 수 있다. 원하는 글자체를 입력하면 다양한 글자체로 변환되는데 그것을 인스타그램에 붙여넣기를 하면 사용할 수 있다.

▲ 어플명 : Cool Fonts

상단에 원하는 문구를 입력하면 여러 가지 글자체로 변경되는 것을 확인할 수 있다. 사용하고자 하는 문구를 복사해서 인스타그램에 붙여넣기를 할 수 있다.

❹ 웹사이트(프로필 링크)

인스타그램의 게시물 본문에는 외부 링크를 설정할 수 없고, 프로필 영역에서만 설정할 수 있다. 웹사이트 입력 영역에 외부 링크 주소를 입력한다. 예를 들면 본인이 운영 중인 결제창 링크 주소, 스마트스토어, 쇼핑몰, 블로그, 유튜브 등의 주소를 설정할 수 있다. 단, 링크 URL은 1개만 입력할 수 있다. 어플을 이용하면 2개 이상의 링크를 한 번에 노출시킬 수 있다. 'InstaBio', 'linktree' 등 여러 어플이 있는데, 필자는 'InstaBio'라는 어플을 추천한다. 한번에 여러 링크를 손쉽게 설정해서 결제페이지, 사이트, 유튜브, 블로그 등으로 연결할 수 있게 되어 있다.

다음은 InstaBio 앱을 이용해 3개 URL 링크를 인스타그램 프로필 링크에 설정한 사례이다.

▲ 산타맘 인스타그램 InstaBio 프로필 링크 ▲ InstaBio로 만든 프로필 3개 URL 링크 버튼 ▲ 버튼을 클릭해 접속된 URL 링크 페이지

다음은 백토마켓 프로필 링크의 다중 URL 링크 사례이다.

TIP InstaBio 어플을 이용해서 프로필 링크 주소 설정하기

InstaBio 어플 사용 방법은 다음과 같다.

1 앱 스토어에서 "InstaBio"를 검색한 후 [설치] 버튼을 클릭해 앱을 설치한다. 설치가 완료되면 다음과 같은 어플이 나타납니다. InstaBio 앱을 실행시킨다.

2 InstaBio 첫 화면에서 [내 무료 링크 만들기] 버튼을 누른다. 페이스북이나 구글 아이디로 로그인한다. 물론 새로 만들어도 된다.

3 인스타바이오에 회원 가입 후 메인화면에서  버튼을 누르면 링크를 새로 만들 수 있다.

4 테마(배경화면)을 설정한다. 테마 우측 아래 [PRO]라고 표시된 테마는 유료테마이다. 무료 테마 중 원하는 테마를 선택하면 미리보기 화면이 나온다. 미리보기 탭에서 을 선택한다.

5 링크 세부 사항 페이지가 나오면 [사용자 정의] 버튼을 누른 후 심벌 수정 버튼을 누른다. 심벌마크를 클릭해서 심벌을 수정하고, 표제는 링크 제목, 기술은 설명 내용을 입력한다.

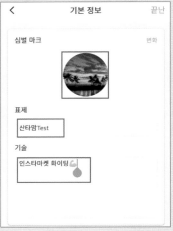

6 버튼 편집 페이지에서 버튼을 클릭하여 썸네일, 버튼 텍스트, 타이틀 및 배경 색상, 연결 편집을 할 수 있다. '삭제 버튼'을 클릭하여 버튼을 삭제할 수도 있고 [새 단추/링크 추가] 버튼을 클릭하여 새로운 버튼을 추가할 수도 있다. 여기서는 첫 번째 Facebook 버튼을 누른 후 섬네일, 버튼 텍스트, 연결 URL, 타이틀 색상과 배경색을 설정하고 저장하면 버튼이 편집 완료된다.

7 만들어진 링크 버튼을 누른 후 링크 세부 사항에서 링크 RUL을 누르면 맞춤 도메인 창이 나타난다.

8 맞춤 도메인 창에서 도메인과 연결 영역에 원하는 주소를 넣은 후 저장한다. 여기서는 bestseller로 설정했다. 링크 세부 사항 페이지에서 링크 URL의 주소 복사 버튼을 누른다.

⑨ 인스타그램의 프로필 성정 페이지에서 [프로필 편집] 버튼을 누른 후 프로필 편집 페이지에서 웹사이트 입력란에 복사한 링크 URL을 입력하거나 붙여넣기를 한다. 저장하면 다음과 같이 프로필에 링크 URL이 변경된 것을 확인할 수 있다. 이 링크 URL을 누르면 InstaBio로 제작한 페이지로 이동한다.

⑩ 위와 같은 방법으로 각각의 버튼마다 모두 다른 링크를 설정할 수 있고, 추가로 더 만들 수도 있다.

⑪ InstaBio 어플에 접속하면 바로 전에 만든 링크를 몇 명이 방문했는지 방문수가 카운트되는 것을 확인할 수 있다.

05
한 눈에 살펴보는 인스타그램 홈 화면 구성 살펴보기

인스타그램 홈(뉴스피드) 화면은 내가 직접 올린 게시물 또는 팔로워들이 올린 게시물이 모두 모이는 공간이다. 게시글은 '좋아요', '댓글', 'DM' 등의 기능으로 업로드된 게시물을 보고 게시자와 피 게시자 간 서로 소통하는 공간이다.

◀ 홈(뉴스피드) 화면 구성

❶ 게시물 올리기(⊞) : 사진, 동영상, 라이브 동영상을 내 계정에 올릴 수 있다.

❷ 활동 : 내 계정 게시물의 댓글 알림이나 좋아요, 댓글, 대댓글에 대한 최근 활동, 다른 사람 계정 게시글의 대댓글, 메시지 등을 한 번에 확인할 수 있다.

❸ DM : '다이렉트 메시지'를 의미한다. 개인 간, 개인과 특정 그룹 간에 직접 메시지를 주고받거나 내 게시물을 친구와 공유할 수 있는 기능이다. 다이렉트 메시지에 대한 자세한 사항은 다음 단원을 참조한다.

❹ 스토리 뉴스피드 : 스토리는 다양한 형태의 글을 스팟 형태로 올리는 기능이다. 단, 업로드한 스토리 글은 24시간 동안 사진과 동영상 팝업으로 볼 수 있다. 다음 그림은 내 인스타그램 홈 상단에 보이는 스토리 등록자들이 나열된 상태이다.

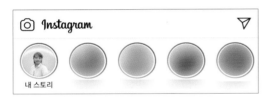

스토리를 업로드하면 다음 그림처럼 프로필 테두리가 빨간색으로 표시되고 때문에 친구들에게 주목을 받을 수 있다. 24시간이 지나거나 친구의 스토리를 확인하면 사라지고 더 이상 나에게는 보이지 않는다. 스토리에 대한 자세한 내용은 다음 단원을 참고한다.

▲ 스토리 업로드 전   ▲스토리 업로드 후

❺ 태그 / 정보 : 인스타그램 게시글에 해시태그, 위치태그, 사람태그, 쇼핑태그 등 다양한 태그를 설정할 수 있다. 쇼핑태그는 인스타그램 이미지를 통해 제품을 구매할 수 있는 결제페이지로 직접 연결해주는 기능이다. 태그에 대한 자세한 사항은 "Part 03_02 현명한 태그 적용하여 게시물을 최적화시키기"를 참조한다.

▲ 쇼핑태그   ▲ 사람태그

❻ **홈** : 내가 팔로잉한 다른 사람 계정의 게시물을 확인할 수 있다. 이때 상위노출 순으로 나열된다. 교류 활동(좋아요, 댓글, DM)을 많이 할수록 올려진 시간에 우선하여 상위 노출될 수 있다. 팔로워들과 적극적으로 소통할수록 내 게시물이 상대방에게 상위노출 될 수 있음을 인지하자.

❼ **검색 및 둘러보기** : 관련 검색어, 인물, 계정, 사진, 장소, 해시태그 등을 모두 검색할 수 있다. 둘러보기에는 평소 '좋아요'나 '댓글', '보관기능'을 썼던 게시물들을 기반으로 알고리즘이 자동으로 관련 분야의 게시물을 보여준다. 보여지는 둘러보기 피드는 모두에게 다르게 구성되어있다. 이때 사진, 동영상뿐 아니라 스토리도 2칸에 걸쳐 추천된다.

검색 결과에서 특정 대상을 팔로우하고 싶으면 [팔로우] 버튼을 누른다. 그 결과 내 계정의 팔로잉 숫자가 하나 증가하게 된다.

❽ 릴 : 15~30초 내의 짧은 영상을 업로드 할 수 있다. 최근 생긴 기능으로 적극 활용하기
바란다.

❾ shop : 쇼핑태그를 지정한 제품들을 관심사에 따라 다양하게 보여주어 쇼핑몰처럼 구
매까지 할 수 있도록 만든 카테고리이다.

❿ 내 프로필 : 내 계정의 프로필과 피드 등 계정 정보를 한눈에 볼 수 있다.

TIP 인스타그램 용어 정리하기

- 피드 : 인스타그램 게시물을 의미한다.
- 팔로우 : 친구 추가의 의미이다.
- 팔로워(follower) : 나를 친구로 추가해서 나의 게시물을 보겠다고 한 사람을 의미한다. 팬의 개념이다.
- 팔로잉 : 내가 친구로 추가한 사람(팔로우를 누른 사람)으로 팔로잉한 계정을 홈에서 볼 수 있다.
- 맞팔 : 서로 팔로우를 누른 경우를 의미한다. 서로 친구가 되어 서로의 게시물을 볼 수 있는 상태이다.
- 선팔 : 내가 먼저 팔로우(친구 신청)를 누른 경우를 말한다.
- 언팔 : 팔로우 상태를 취소한 경우로 친구 삭제 개념이다(더는 나를 보지 않겠다).
- 유령 팔로워 : 활동하지 않는 외국인 계정(돈을 주고 사서 허수로 숫자만 올라가는 경우—실제 계정 아님)

06
한 눈에 살펴보는 인스타그램 서브 화면 구성 살펴보기

인스타그램 서브 화면은 내가 직접 올린 게시물 또는 팔로워들이 올린 게시물을 '좋아요', '댓글', '메시지 보내기', '컬렉션 저장'을 공유, 링크 복사, 보관, 삭제, 수정, 댓글 기능 해제 등 게시물을 관리할 수 있고 모든 게시물, 태크 콘텐츠, IGTV 동영상 등을 확인할 수 있는 공간이다.

❶ ♡ (좋아요) : 게시물에 대해 공감의 표현이다. '좋아요' 아이콘을 누르면 빨간색으로 표시된다.

❷ ○ (댓글) : 게시물에 대해 댓글을 남기거나 다른 계정을 소환할 수 있다. 댓글은 직접 입력하고 작성한 후 [게시]를 누르면 되고, 다른 계정 소환은 '@소환계정'을 입력하면 된다. 댓글에 '@abc'를 남기면 abc 이름을 가진 계정에 알람이 전달된다.

게시물에 댓글을 누르고 고정 버튼(📌)을 누르면 댓글이 상단에 고정되어 먼저 보이게 할 수 있다. 또한, 노출이 많이 되길 원하는 댓글을 고정해둘 수 있다.

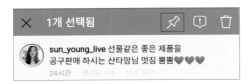

❸ ▽ (공유) : 타인에게 게시물을 DM(다이렉트 메시지)으로 공유할 수 있다. 타인에게 전달할 메시지를 입력하고 공유할 타인을 선택한 후 [보내기] 버튼을 누르면 게시글이 공유된다.

❹ ⬙ (북마크, 보관기능) : 게시물을 자신의 게시물 폴더의 보관함에 저장해서 보관할 수 있다. 보관함으로 옮겨놓으면 타인에게는 노출되지 않는다. 게시물을 올린 계정은 누가 저장했는지 확인할 수 없으며, 내가 저장한 게시물은 나만 확인할 수 있다.

1 프로필 메인화면 우측 상단의 설정 메뉴 버튼(≡)을 누른 후 저장됨 메뉴를 누르면 확인할 수 있다.

2 오른쪽 상단 [+] 버튼을 누른 후 원하는 게시물을 클릭하면 폴더를 따로 만들 수 있다. 이름을 입력하고 [추가] 버튼을 누르면 다양한 폴더가 형성된다.

3 폴더별로 정리해서 기억하고 싶거나 벤치마킹할 좋은 게시물이 있으면 모아둘 수 있다.

❺ ⊞ : 게시물을 바둑판 형태로 볼 수 있다.

❻ ▶ : 릴 기능으로 15~30초 이내의 짧은 영상을 각종 기능(속도, 음악 등)으로 재미있게 표현할 수 있는 새로운 기능이다.

❼ ⌐ : 인스타그램 TV(IGTV) 동영상을 확인할 수 있다. 단, 동영상 게시물이 업로드되어 있어야 아이콘이 표시된다. IGTV에 대한 자세한 내용은 다음 단원을 참조한다.

❽ ⌐ : 사람들이 사진 및 동영상에 내 계정을 사람태그하면 태그된 사진 및 동영상이 표시된다. 즉 내 계정이 다른 분의 게시물의 사람태그하기에 입력되어 만들어지면 그 게시물이 보인다. 예를 들면 타인이 자신의 게시물 작성 시 '사람태그하기' 입력란에 다음과 같이 '산타맘' 계정(@santamom_insta)을 태그하여 업로드하면 그 게시물이 표시된다.

❾ 리그램 : 리(re : 다시) + 그램(gram)의 합성어로 게시물을 퍼오는 것을 말한다. 게시물을 퍼갈 때는 리그램 어플이 필요하다. 리그램은 대표적으로 이벤트 마케팅에서 많이 사용한다.

플레이스토어에서 '리그램'이라고 검색하면 수많은 어플들을 확인할 수 있는데, 그 중 Repost 어플을 추천한다.

Repost 어플을 설치한 후 리그램하는 방법을 알아보자.

1 Repost 어플을 설치 완료한 후 인스타그램에서 퍼오고자 하는 게시물에서 오른쪽 상단에 메뉴 버튼(⋮)을 누르면 다음과 같은 화면이 나온다. 링크 복사 메뉴를 누른다.

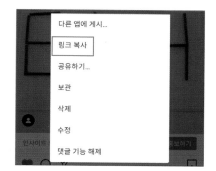

2 Repost 어플로 돌아가면 복사한 게시물이 업로드된 것을 확인할 수 있다. 해당 게시물을 누른다.

3 아래의 [Repost] 버튼을 누른다.

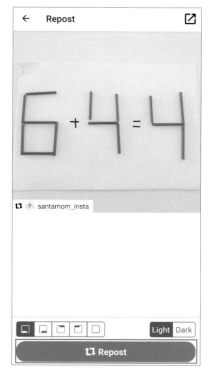

4️⃣ Copied Caption 팝업 창이 나타나면 아래쪽의 [Open Instagram] 버튼을 누른다. 게시물 올리는 방식 그대로 업로드할 수 있는데, 이때 글을 쓰는란에 붙여넣기 하면 원본 게시물의 글도 복사할 수 있다. 상황에 따라 추가 내용을 입력한다.

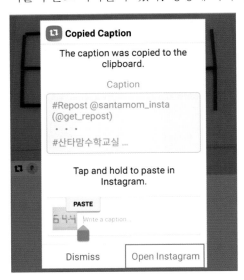

5️⃣ 게시물 편집과 교정 페이지에서 각각 다음 버튼(→)을 누른다.

6 문구 입력, 사람 태그하기, 위치 추가 등을 설정할 수 있는데 리그램 어플을 통해서 게시물의 원본 내용까지도 복사되었기 때문에 붙여넣기를 한다. 공유 또는 완료 버튼(✓)을 누르면 게시물이 리그램 되어 내 계정에 자동으로 올라간 것을 확인할 수 있다.

❿ 최소 연령 설정하기

개인 계정이라면 프로필을 비공개 계정으로 전환할 수 있다. 하지만 비즈니스 계정이라면 비공개 계정으로 설정할 수 없다. 비즈니스 계정은 프로필 제한 연령을 설정하여 나이에 맞게 차단할 수도 있다.

1 프로필 메인화면 우측 상단의 설정 메뉴(☰)를 누른 후 비즈니스 메뉴를 누른다.

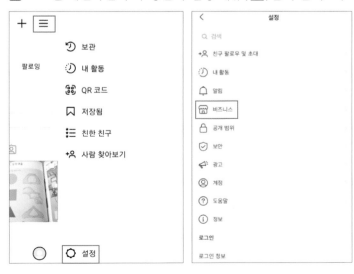

☑ 최소 연령으로 들어가면 접근 가능한 전체 혹은 지역별의 최소 연령을 설정할 수 있다. 예를 들어 19세로 설정해두면 그 이상의 성인 계정에만 내 계정이 노출되는 것이다.

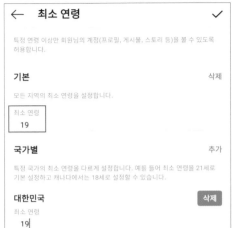

❶ 인스타그램 계정을 비공개로 전환하기

인스타그램 계정은 누구에게나 공개되어 있다. 반면 맞팔된 지인들과만 소통하거나, 지정한 팔로워들만 게시물을 보게 하고 싶을 때는 공개 계정을 비공개 계정으로 설정하면 된다.

다음은 산타맘의 비공개 계정인 산타맘 스터디(@santamom_study)이다. 이 계정의 게시물은 누구나 볼 수 있는 것이 아니라 이 계정을 팔로우하고 산타맘이 승인한 팔로워들만 게시물을 볼 수 있다.

▲ 산타맘 스터디 인스타그램 비공개 계정

1 프로필 메인화면 우측 상단의 메뉴(三)−설정 아이콘을 누른 후 공개 범위 메뉴를 누른다.

2 공개 범위 페이지에서 계정 공개 범위의 '비공개 계정' 슬라이드를 우측으로 드래그한다. "비공개 계정으로 전환하시겠어요?" 팝업 창이 나타나면 '비공계로 전환'을 눌러 계정을 비공개 계정으로 전환한다. 댓글, 태그, 스토리 등을 각각 선택하여 공개 설정 범위를 설정할 수 있다.

07
사진 & 동영상 업로드, 라이브 방송하기

콘텐츠를 보는 팔로워 입장에서는 글보다는 사진 한 장이나 짧은 동영상이 더 효율적이다. 인스타그램은 홈에서 사진 컷이나 동영상 피드를 가볍게 보면서 지인이나 관심있는 콘텐츠를 조금 더 자세히 보는 것이 콘텐츠를 즐기는 가장 일반적인 방법이다. 특히 라이브 방송은 인스타그램을 통한 소통 방법 중 적극적으로 소통할 수 있는 좋은 도구이다.

사진과 동영상을 업로드하고 라이브 방송을 진행하는 방법에 대해서 알아보자.

❶ 사진 피드 업로드하기

먼저 사진을 업로드하는 방법을 알아보자.

1 인스타그램 홈 상단의 게시물 올리기 버튼(⊕) 누른다.

2 내 휴대전화에 저장된 사진이나 동영상을 한 개 또는 다중 아이콘(▣)을 클릭하여 최대 10개까지 선택한다. 사진 또는 동영상 아이콘(◎)을 선택하면 직접 사진이나 영상을 촬영한 후 바로 업로드할 수 있고 갤러리에서 저장된 사진이나 동영상 선택해서 업로드할 수 있다.

3 사진과 동영상에 따라 꾸미기 옵션이 달라지는데, 사진을 선택한 후 [다음] 또는 [→]를 클릭하면 필터와 수정 기능을 활용해 사진에 다양한 효과를 연출할 수 있다. 사진 업로드 전에 필터를 넣거나 수정을 할 수 있다. 필터의 종류를 바꾸기만 해도 사진의 느낌을 일관성 있게 표현할 수 있다. [수정]을 클릭하면 사진의 밝기, 대비, 구조, 그림자, 배경 흐리게 등 다양한 사진 연출이 가능하다.

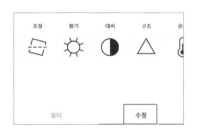

4 [다음]을 클릭하면 새 게시물 페이지가 나오며 게시물 문구 입력 상자에 원하는 내용을 입력하고, 사람 태그하기, 위치 추가 등을 설정한 후 [✓ 공유]를 클릭하면 해당 게시물이 내 계정에 업로드된다. 페이스북, 트위터 등 다른 SNS에도 동시에 업로드할 수 있다. '고급 설정'을 선택하여 댓글 기능을 해제하면 댓글은 쓸 수 없고 '좋아요'나 공유, 보관 기능만 사용할 수 있는 게시물이 업로드된다.

TIP 사진 편집 기능 설명

∞ : 부메랑 어플을 다운받아 움직이는 영상을 촬영해서 올릴 수 있다.
⊞ : 레이아웃 어플을 사용해서 여러 개의 사진을 조합해서 하나의 사진으로 올릴 수 있다.

[여러항목선택] : 사진을 여러 장 올릴 수 있는데 최대 10장을 사진을 한 개의 피드로 올릴 수 있다. 인스타그램은 글은 수정이 되지만, 업로드 후에 사진이나 동영상은 수정할 수 없으므로 사진의 순서와 종류를 신중하게 올려야 한다.

❷ 동영상 피드 업로드하기

동영상은 60초까지 업로드할 수 있는데 60초 이상의 영상은 IGTV로 보인다. 사진은 '좋아요' 수로 표기되는 반면, 영상은 조회 수가 표기 때문에 훨씬 높은 반응수가 보이므로 영상을 자주 활용하는 것을 권한다. 이번에는 동영상을 업로드해보자.

1 인스타그램 홈 상단의 게시물 올리기 버튼(⊕)을 누르고, 내 휴대전화에 저장된 동영상 한 개를 선택한 후 다음 버튼(→)을 누른다.

2 짧은 동영상을 선택하면 앞의 1분까지만 피드에 업로드되며, 긴 동영상을 선택하면 원본 동영상을 올릴 수 있다. [계속하기]를 누른다. 동영상 게시물은 인스타그램에서 노출이 다소 높다. 영상에 자막이나 효과, 음악을 넣어서 끝까지 시청할 수 있는 재미를 더해보자.

3 필터로 영상을 다양하게 보정, 다듬기로 영상 프레임을 수정, 커버 사진에서 영상의 타이틀 사진을 선택할 수 있다. 커버 사진은 영상을 보기 전의 섬네일이므로 영상 중 하이라이트 부분을 선택하거나 준비된 다른 이미지(갤러리에서 추가할 수 있음)를 선택할 수도 있다.

④ 미리보기 게시를 선택하면 IGTV 뿐만 아니라 프로필 피드에도 함께 노출되기 때문에 노출에 유리하다.

⑤ IGTV의 경우는 일정 조회 수가 넘어가게 되면 활동내역에 알람이 온다.

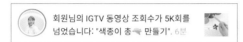

⑥ 다음에서 보는 것처럼 탐색 탭이나 검색할 때 사진보다 동영상을 사용했을 때 노출되는 범위가 무려 4배 크기 때문에 동영상을 적극적으로 활용하는 것이 좋다.

TIP 사진을 동영상으로 변환하기

일반적인 사진을 동영상으로 변환할 수 있다. 어플 VLLO를 설치한 후 미리 찍어놓은 사진에 움직이는 스티커를 삽입하거나 사진의 나열 등으로 동영상으로 전환할 수 있다.

❸ 릴 영상 업로드하기

　릴 영상은 15초 또는 30초 길이로 업로드할 수 있는데 따로 찍은 동영상을 편집해서 올릴수도 있고 인스타그램 릴에서 바로 찍어 업로드 할 수도 있다. 릴은 최근에 생긴 기능으로 일반 영상에 비해 짧고 진행이 빨라 일반 영상보다 노출수가 비교적 높다.

1 인스타그램 홈 상단의 새로 만들기 버튼(⊕)을 누르고, 릴스(▣)를 선택한다.

2 아래의 길이(15초 또는 30초)를 선택해서 영상의 길이를 설정할 수 있고, 오디오를 눌러서 최신 음악들을 영상에 바로 적용할 수 있다. 영상의 속도를 1배속, 2배속, 3배속 등으로 변경할 수 있고, 각종 효과나 타이머 기능을 사용할 수 있다.

3 릴을 업로드하면 카테고리 릴에서 보임과 동시에 설정에 따라 프로필에도 노출된다. 틱톡에서 보이는 영상효과가 많이 들어있어 입소문 효과를 기대할 수 있는 좋은 영상 편집기능이다.

❹ 라이브 방송하기

라이브 방송은 비공개 계정의 경우는 팔로워들만, 공개 계정의 경우는 누구나 접속할 수 있으며 화상 통화를 하듯이 팔로워들과 직접적인 소통을 할 수 있다.

라이브 방송을 주기적으로 진행하면 팔로워들과 깊이 있는 소통을 할 수 있고 그들의 요구를 파악하는 데 도움을 받을 수 있다. 라이브 방송 가능 시간은 최대 1시간이며 1시간이 되면 방송이 자동 종료되기 때문에 연장을 원하면 다시 방송을 오픈할 수 있다.

1 인스타그램 프로필 메인 화면에서 프로필 사진 또는 인스타그램 홈 상단의 내 스토리 아이콘을 누른다.

2 '라이브'를 선택한 후 라이브 방송 아이콘을 누르면 라이브 방송이 시작된다. 프로필 상단에 [라이브 방송] 표시가 보이면 정상적으로 라이브 방송이 진행되는 상태이다.

3 팔로워들의 프로필에 "땡땡 님이 라이브 방송을 시작합니다." 메시지가 나타나고 다음 그림처럼 팔로워의 프로필에 [LIVE] 라이브 방송 중이라고 표시된다. LIVE 라이브 방송 프로필 아이콘을 누르면 팔로워들의 라이브 방송 접속이 가능하다.

4 방송을 시청하면서 실시간으로 댓글과 다양한 이모티콘 등을 넣어 대화를 진행할 수 있다. 라이브 방송의 실시간 참여 인원이 숫자로 표시된다.

5 [종료]를 누르면 "라이브 방송이 종료되었습니다" 메시지가 나타나고 라이브 방송이 종료된다. 라이브 방송된 영상 팝업 창이 표시된다.

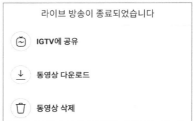

- IGTV에 공유 : 방송한 동영상을 IGTV에 게시할 수 있어서 라이브 방송에 참여하지 못한 사람들이 방송 시간이 지나서도 시청할 수 있다.
- 동영상 다운로드 : 동영상 파일로 저장이 된다. 단, 방송 중에 오갔던 댓글은 별도로 저장되지 않는다.
- 동영상 삭제 : 방송한 동영상을 삭제한다.

TIP

❶ 제목 : 사람들에게 무엇에 관한 동영상인지 라이브 방송의 주제를 지정할 수 있다.
❷ 어플 : 어플 들의 다양한 기능들이 있어 라이브 방송의 재미를 더할 수 있다.

08
인사이트 분석하여 멋진 계정 만들기

지금까지 인스타그램을 활용할 수 있는 주요 기능과 팁을 알아보았다. 이제부터는 판매가 잘 되는 인스타그램 계정을 만들어본다.

인스타그램을 분석해서 진성 팔로워가 많은 탄탄한 계정으로 성장한다면 협찬, 협업, 판매 등으로 수익화할 수 있다. 그러기 위해서는 주제를 잘 선택해서 컨셉에 맞는 좋은 콘텐츠로 팔로워를 늘려나간다.

개인이나 비즈니스 계정을 만드는 경우, 특히 컨셉트 계정을 만들 때는 아래 물음에 명확히 답할 수 있어야 한다.

이 계정은 누구와 소통하고 싶은가? ········ 소통 타깃(대상) 정하기
이 계정은 어떤 콘텐츠를 담고 싶은가? ····· 주제 정하기
이 계정의 운영 목적이 무엇인가? ·········· 목적 정하기

예를 들면, 일과 육아를 병행해야 하는 워킹맘의 일상을 기록하고 공유하며 아이에게 직접 체험해본 것 중 좋은 제품은 추천한다.

❶ 계정의 주제 찾기

인스타그램 주제는 크게 엔터테인먼트, 예술, 쇼핑, 취미, 지식, 뷰티, 여행, 인테리어, 음식, 음악, 육아 등으로 나눌 수 있다. 가장 이상적인 방법은 앞으로 판매하게 될 아이템의 성격과 유사한 주제를 선정하는 것이 좋고, 평소 관심 있던 분야로 즐겁고 부담 없이 올릴 수 있는 주제로 정하자. 예를 들어 운동을 열심히 하는 사람이 운동용품을 판매하는 것이 다른 주제의 계정보다 더 신뢰 가고 구매전환율이 높아질 수 있다.

주제를 선정했다면 그 주제에 관해서는 계속 연구하고 팔로워들과 공유할 수 있어야 한다. 인스타마켓이 인터넷 쇼핑몰과 차별화되는 이유는 단지 물건을 파는 곳이 아니라 관심 주제에 대한 다양한 정보를 얻거나 관심사를 공유하는 사랑방 같은 곳이기 때문이다. 주제를 선정했다면 관련 주제의 게시물이 전체의 몇%를 차지하는지 확인해보고 그 비율을 늘려나가자.

❷ 타겟 세분화하기

큰 주제를 선정했다면 세부적인 타겟을 찾아야 한다. 이제 성장을 시작하려는 계정도 초반 1,000명까지의 타겟이 잘 형성되어야 입소문 효과를 기대할 수 있다.

예를 들어 패션을 주제로 선정했더라도 30대 남성을 타겟으로 할 것인지, 20대 여성을 타겟으로 할 것인지에 따라 계정 분위기는 완전히 달라질 수 있기 때문에 세분될수록 좋다.

이때 고려할 사항은 다음과 같다.

- 연령 및 성별 : 예) 20대 미혼 / 30대 여성 / 40대 남성 / 미취학 아동의 육아맘
- 관심사 : 육아 / 자동차 / 뷰티 / 음식 / 교육 등
- 지역 : 대한민국 / 서울 / 부산 / 제주 등

❸ 소통할 대상 찾아 맞팔 유도하기

처음 시작하는 계정이라면 관심사가 같은 계정 1,000명을 찾아서 활발하게 소통하고 댓글, 좋아요 소통을 시작하여 맞팔을 유도한다. 즉 같은 관심사 계정과 친구맺기를 하는 것이다. 대체로 팔로잉은 500~1,000명 정도로 인스타그램 홈에 있는 모든 게시물에 '좋아요'를 누를 수 있는 정도의 인원까지만 하는 것이 좋다. 소통하지 않는 허수만 늘리는 것은 계정의 발전에 도움이 되지 않는다. 과도한 선팔/맞팔 작업은 하지 않도록 하자.

- 팔로워 수에 비해 지나치게 낮은 좋아요, 댓글 수를 가진 계정은 피한다. 팔로워 수를 구매했을 가능성이 있다.
- 모든 게시물의 조회수와 좋아요 수가 거의 같은 경우는 피한다. 좋아요 수나 조회수도 구매했을 가능성이 있다.
- 게시글은 적고, 팔로잉 수가 지나치게 많은 계정은 피한다. 팔로잉 수가 너무 많으면 지나친 선팔, 맞팔로만 팔로워 수를 늘린 계정일뿐 아니라 수많은 팔로잉 중 내 계정을 방문해서 소통할 확률이 낮을 수 있다. 다음 예시의 A와 같은 계정이다.
  - A : 선팔, 맞팔로 팔로워를 늘린 계정

294	4,826	3,990
게시물	팔로워	팔로잉

  - B : 좋은 콘텐츠로 자연스럽게 팔로워가 늘어난 계정

1,035	9,131	849
게시물	팔로워	팔로잉

  - C : 선팔만 주로 한 계정

741	885	1,498
게시물	팔로워	팔로잉

경우의 따라 특이 사항이 발생할 수 있지만, 일반적으로 발전 가능성이 높고 건강한 계정은 B에 가깝다.

❹ 비즈니스 계정 전환하기

비즈니스 계정으로 전환하면 인사이트를 이용해 게시물로 유입된 팔로워 수 및 노출수, 계정활동 등을 분석할 수 있고, 게시물을 홍보할 수 있다.

1 프로필 메인화면 우측 상단의 설정 메뉴(☰)를 누른 후 계정 메뉴를 선택한다.

2 프로페셔널 계정으로 전환 메뉴를 선택한 후 크리에이터 또는 비즈니스 계정으로 전환을 선택한다. 이때 계정 특성에 맞게 선택하면 된다. 크리에이터에서는 건축 디자이너, 게이머, 게임 동영상 크리에이터, 공인, 공직 후보자 등에서 선택 가능하며, 비즈니스에서는 개인블로그, 제품/서비스, 예술, 음악가/밴드 등에서 선택가능하다.

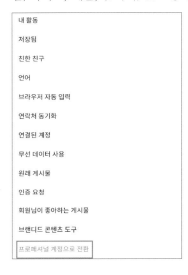
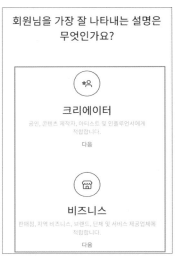

3 추천 카테고리가 표시된다. 가장 적합한 카테고리를 선택한 후 [다음] 버튼을 누른다. "비즈니스 계정으로 전환하시겠어요?"라는 물음에 [확인]을 누르면 계정 전환이 시작된다.

④ "크리에이터이신가요?" 메시지가 나타나면 크리에이터, 비즈니스 중 한 가지 유형을 선택한다. 연락처 정보 검토에서 개인정보를 입력하고 [다음], Facebook에 연결 페이지가 나오면 로그인 또는 '건너뛰기'를 누르면 비즈니스 계정 전환이 완료된다.

⑤ "새로운 도구가 추가되었습니다." 페이지가 나온다. 내 프로필 메인 화면에 '인사이트', '홍보' 도구가 추가된 것을 확인할 수 있다. [인사이트] 버튼을 클릭하면 인사이트 페이지로 이동한다.

인사이트 콘텐츠를 업로드하면 다음 그림과 같이 '인사이트 보기'가 표시되고 누르면 콘텐츠의 인사이트 페이지로 이동하여 콘텐츠를 분석할 수 있다.

❺ 인사이트 분석법

인사이트 도구는 선택한 기간 동안 계정의 콘텐츠(게시물, 스토리, 홍보물), 활동, 타겟 등 성과를 분석할 수 있다.

인스타그램 콘텐츠 분석에 대해서 알아보자.

• 게시물 인사이트 분석법

게시물의 인사이트에서는 좋아요 수, 댓글 수, 공유수, 저장수, 프로필 방문수, 도달수, 노출수를 나타내어준다. 노출의 의미는 보이는 수이며, 도달은 보이는 게시물에 반응한 수(클릭하거나 영상을 시청하거나 댓글 등을 남기는 행위를 한 수)를 나타낸다. 노출수 대비 도달 비율이 높은 게시물이 좋은 게시물이라고 할 수 있다. 저장수는 일반적으로 확인되지 않지만 인사이트를 통해서만 확인할 수 있다.

둘러보기에서는 게시물이 보인 계정 중에 팔로우하지 않은 사람의 비율이 나타난다. 이 숫자는 팔로워가 아닌 계정이 해시태그나 탐색 탭, 프로필 유입으로 게시물을 조회한 비율이다. 높을수록 많은 사람에게 도달한 것이며 팔로워 유입도 유리하다.

노출에는 세부항목이 있는데 자세히 알아보자.

게시물에 따라 가장 노출이 많이 되는 영역 순으로 다음 3가지를 알려준다.

- 홈 : 팔로워들이 홈에서 나의 게시물을 본 수를 의미한다.

- 프로필 : 프로필을 살펴보고 클릭해서 게시물로 유입되는 숫자를 의미한다. 좋아요나 댓글 활동을 활발히 할수록 나의 프로필이 노출되는 것이므로 프로필 유입이 적다면 활동 횟수를 늘리는 것이 좋다.
- 탐색 탭 : 홈 + 프로필 등 게시물 게시 후에 반응이 높으면 관심사 기반으로 탐색 탭에 노출되기 시작한다. 해시태그를 쓰지 않아도 탐색 탭에 노출되면 유입이 증가할 수 있다.

- 해시태그 : 사용한 해시태그가 인기게시물에 오르면 해시태그 유입수가 늘어난다.

노출	4,114
홈	1,414
프로필	1,374
해시태그	1,136
기타	190

▲ 해시태그 또는 프로필 유입이 많은 게시물의 인사이트

- 프로필 인사이트 : 프로필 인사이트에서는 최근 7일간 요일별 도달계정수, 노출수, 계정 활동, 인기게시물을 확인할 수 있다. 특정 요일에 도달 계정수가 증가했다면 그때 있었던 이슈나 게시물의 성향을 파악해보는 것이 좋다. 지난주 대비 증감도 확인할 수 있다.

- 콘텐츠 반응 : 지난주보다 콘텐츠 반응이 어땠는지 비교 지표를 알려준다. 반응이 하락했다면 지난주에 어떤 게시물을 올렸는지 확인해보고 내 팔로워들이 좋아할 콘텐츠를 지속해서 올려주는 것이 좋다.

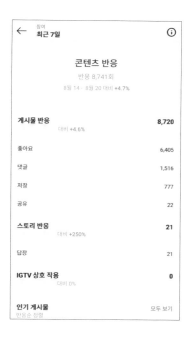

- 팔로워 분석 데이터 : 최근 일주일 동안 요일별로 팔로우 수의 증가와 취소 수를 확인할 수 있다. 내 팔로워들의 지역(도시별, 지역별)별 분포도 알 수 있는데 자신이 설정한 지역타겟과 일치하는지 점검해 볼 수 있도록 한다.

" 지역에 있는 오프라인 매장을 홍보하기 위한 계정인데 주요 팔로워가 해당 지역에 모여 있지 않는다면 타겟설정이 제대로 되었는지 확인해보고 타겟을 수정할 것인지 혹은 다른 지역의 팔로워를 유입할 다른 대안은 있는지 확인한다.

팔로워들의 연령대과 성별도 확인할 수 있다. 이 또한 자신이 설정한 타겟 연령과 팔로워의 연령이 일치하는지 확인한다. 30대 남성을 타겟으로 운영하고 있는 마켓에 10대 여성의 분포가 높다면 구매전환이 어려울 수 있다.

가장 활동이 많은 시간대를 확인해보자. 내 팔로워들이 가장 활동을 많이 하는 요일과 시간대를 확인하여 맞춰서 게시물을 업로드 하는 것만으로도 게시물의 반응을 더욱 높일 수 있다.

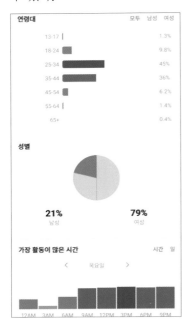

❻ 벤치마킹하기

주제를 설정하고 인사이트 분석으로 내 계정의 상황을 확인했다면, 경쟁 대상자를 벤치마킹해보자. 벤치마킹하는 이유는 경쟁 계정과 동일하게 운영하려는 것이 아니라 그들을 분석하여 성공 요소를 찾아내고 그보다 새롭게 접목해 나만의 경쟁력을 만들기 위함이다.

- 아이템이 유사한 롤모델을 정한 후 벤치마킹하자.
- 목표 대상과 팔로워를 맺고 실제로 상품을 구매해보자. 이러한 체험은 인스타마켓의 운영방식을 가장 잘 이해하는 방법이다.

• 해시태그로 벤치마킹 목표 대상 찾기

탐색 탭에서 선정한 주제 혹은 판매하고자 하는 제품군을 검색한다. 판매하려는 상품과 연관된 대표 키워드, 대표 키워드+공구, 키워드+공구 등을 합성한 키워드를 찾을 수 있다. 예를 들어 의류를 판매하고 싶은 사람은 #30대여성복 #잠옷공구 #블라우스공구 #실내복 #실내복공구 등을 검색해보고 인기게시물의 계정에 들어가본다.

이때 목표 대상은 거래가 활발하게 운영되고 고객 관리가 잘 되는 마켓을 선택한다. 예를 들어 좋아요 수와 댓글 수가 안정적으로 있고 댓글을 보고 그들의 반응이 긍정적인 마켓을 목표로 삼을 수 있다.

벤치마킹할 계정을 태그하면 유명 계정의 팔로워들이 내 게시물로 유입할 수도 있기에 팔로워를 늘리는데 도움이 될 수 있다. 또한, 센스있는 댓글을 남기거나 좋아요 등 소통을 이어가면 직접적인 유입도 기대할 수 있고, 그들의 팔로워에게 내 계정이 유사 계정으로 추천될 수도 있다. 유명 계정에 협찬해서 피드 노출 및 팔로워 유입을 유도할 수도 있다.

이때 활동할 인플루언서는 좋은 이미지를 가지고 있고, 팔로워들과 적극적인 소통을 하고 자신의 타겟층과 유사한 팔로워와 관계를 맺고 있는 계정과 활동하는 것이 좋다. 좋아요나 팔로워를 구매해서 만든 허위 계정은 아닌지 체크가 필요하다.

- 벤치마킹 대상 분석하기

목표에 대한 방향성을 잡을 수 있고 분석을 통해 자신의 계정운영에 적용시켜 볼 수 있다.

벤치마킹 항목	내용	예
인스타그램 계정명	–	산타맘
타깃	연령 타깃, 관심분야	육아맘, 육아소통
컨셉	–	일상을 공유하며 관심사가 비슷한 팔로워와 소통하며 육아용품 중심으로 공동구매
판매방식과 구매결제수단	판매방식 결제서비스 배송업체와 요금	결제페이지 프로필 링크 등록 스룩페이, 공급사 링크 진행제품별로 상이
CS 정책	사용 채널 외	DM : 즉시 응답 카카오 플러스 : 하루 1차례 답변 댓글 : 하루 4차례 답변
팔로워, 평균 좋아요 수	–	1만 명, 300~500개
메인화면 구성	–	화이트, 그레이, 핑크톤 주로 인물이 나옴
하루 게시물 업로드 수	–	제품 업로드 : 하루 1~2회 일상 관련 업로드 : 하루 1회 관심사 업로드 : 주 2회
사용 해시태그	–	#육아맘 #육아일상 #육아소통 관련
공동구매 일정	–	주 2회 월, 목 또는 월, 수

TIP

벤치마킹 대상을 찾으면 그들의 계정을 알람 설정해 두고 몇 시에 글이 올라오는지 어느 시간에 주로 방송을 하는지 체크해보고 적용하자. 또한 관심있는 게시글 등은 저장해서 나만의 색깔을 입혀 재구성한 게시물도 시도해보자.

- 계정 알람 설정하는 방법

벤치마킹 대상을 팔로우한 후 계정 오른쪽 상단에 보이는 종 아이콘 (🔔)을 누르면 게시글이나 라이브 방송의 알람을 받을 수 있다.

09
사업자등록증 발부받기/통신판매업 신고하기

SNS를 기반으로 한 인터넷과 모바일을 통한 모든 상거래를 위해서는 반드시 신고해야 할 사항과 아이템에 따라 추가로 신고해야 할 사항이 있다. 필수 사항은 사업자등록, 통신판매업, 구매 안전서비스 이용 확인증 등이며, 이외에도 식품을 판매하는 경우 판매방식에 따라 식품제조가공업, 즉석판매제조업, 건강기능식품 일반판매업, 건강기능식품 제조업, 건강기능식품 수입 판매업 등의 신고 및 허가를 받아야 한다. 소형가전 제품이나 전자/전기 작동 완구를 직접 수입하여 판매하는 경우 전기안전검사를 받아야 한다.

분류	신고 항목	내용
공통 필수	사업자등록 통신판매업 구매 안전서비스 인증	상품을 직접 판매하는 모든 인스타마켓의 필수 신고 항목이다. 단, 간이과세자는 통신판매업 신고를 하지 않아도 무관하다.
선택 필수	부가통신사업자	자본금 1억 이상은 신고 의무 사항이다. 단, 1억 미만의 소규모 인스타마켓은 신고 면제 대상이다.
	제조가공업	인스타마켓에서 포장된 김치, 젓갈, 고등어 등을 판매하기 위해서는 신고 및 허가를 받아야 한다.
	건강기능식품 일반판매업	배즙, 양파즙, 호박즙 등 건강 기능에 관련된 식품을 판매하기 위해서는 건강기능식품 일반판매업 허가뿐만 아니라 제품마다 품목 허가를 받아야 한다.

사업자등록증 발부받기

인스타마켓을 시작하기 위해서는 사업 내용을 사업장 주소지 관할 세무서에 신고해야한다. 신고하면 세무서는 사업자에게 사업자등록증을 발부한다. 이로써 합법적으로 인스타마켓을 운영할 수 있게 된다. 사업자등록증이 있으면, 제품을 소싱할때에도 비교적 유리하기 때문에 마켓 운영을 위해 반드시 해두도록 하자.

사업자등록증은 간이과세자(그림3), 일반과세자(그림4), 면세사업자(그림5) 등 대상에 따라 유형별로 발급받을 수 있다.

▲ 그림1 개인사업자(간이과세자)

▲ 그림2 개인사업자(일반과세자)

▲ 그림3 개인사업자(부가가치세 면세사업자)

구매안전확인증 신청하기

인터넷 쇼핑몰, 오픈마켓 뿐 아니라 인스타그램에서 공동구매나 1:1 판매 행위를 할 때도 통신판매업을 신고해야 한다. 인스타그램에서 판매하는 것 역시 전자상거래의 유형이기 때문에 통신판매업 신고증을 발급하기 위해서는 구매안전확인증을 첨부해야한다.

인스타마켓 운영자는 사업자 통장(국민은행, NH농협 등)을 만들고 은행에서 구매안전서비스 일명 '에스크로 서비스'를 신청 후 발급받는다.

※ 개인 통장으로는 구매안전서비스를 신청할 수 없다. 또한, 국내 은행 중 에스크로 구매안전서비스를 가입할 수 있는 은행은 농협, 기업은행, 국민은행이다. 그러므로 사업자 통장은 3곳 중 한 곳에서 개설하는 것이 편리하며, 실제 입금은 여러 사업자 통장으로 해도 무관하지만, 에스크로 서비스를 신청한 사업자 통장을 대표 통장으로 사용할 것을 추천한다.

1 거래하는 은행, 여기서는 국민은행을 예로 들어보자. 국민은행 사이트(https://www. kbstar.com) 메인화면에서 '전체 서비스'-'에스크로이체' 메뉴를 클릭한다.

2 에스크로이체 페이지에서 '판매자 인증마크' 메뉴를 클릭한다. [판매 인증마크 등록] 버튼을 클릭한 후 인증마크 등록 절차를 마친다.

3 인증절차를 완료한 후 좌측 '구매안전서비스 이용확인증 발급' 메뉴를 클릭하여 출력하거나 은행 창구를 직접 방문하여 발급받는다.

▲ 구매안전서비스 이용 확인증

통신판매업 신고하기

소비자와 직접 상거래가 이루어지는 인스타마켓 운영자는 관할 구청의 생활경제과에서 통신판매업을 신고해야 한다. 신청 1~2일 후 다음 그림과 같은 통신판매업신고증을 발급받을 수 있다. 단, 사업 개시일을 기준으로 최근 6개월 동안 거래 횟수가 20회 미만, 또는 거래금액이 1,200만 원 미만이면 통신판매업 신고가 면제된다. 통신판매업신고증은 면허세가 발행되며, 간이과세자는 비용이 무료이고, 일반과세자는 5만 원 정도(년 단위, 지역에 따라 약간 차이가 있음)의 면허세가 부과된다.

▲ 통신판매업신고서와 통신판매업신고증

10
인스타마켓에서 잘 팔리는 제품 선택기준과 소싱하기

❶ 제품 선택기준

오픈마켓은 상품을 등록하자마자 바로 구매가 발생할 수 있고, 인터넷 쇼핑몰은 광고하자마자 고객이 유입되어 매출이 발생한다. 반면 인스타그램은 공동구매 목적의 구매링크를 올렸다고 바로 매출이 발생하기는 쉽지 않다. 인스타마켓은 꾸준함이 요구되는 플랫폼이기 때문이다. 자신이 잘할 수 있는 아이템을 선정하여 꾸준히 진행해야 판매를 기대할 수 있다.

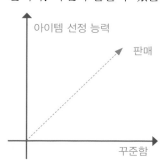

❷ 아이템 시장성 조사하기

아이템을 결정하기 전에 시장성 조사가 선행되어야 한다. 시장성 조사는 아이템의 생명 시점이 도입기인지, 쇠퇴기인지, 성장기인지 등 아이템 라이프 타임의 위치를 파악하는 것이다. 여기서 말하는 아이템 생명 시점은 계절, 시기, 이슈 등에 따라 도입, 성장, 성숙,

쇠퇴기의 특성이 있는지를 의미한다. 사계절에는 계절적 특성이 대두되는 시기와 함께 매월 각종 행사일이 포함되어 있다.

3~5월은 황사와 미세먼지가 많은 계절, 졸업과 입학, 이사철, 화이트데이, 어버이날, 어린이날 등 날씨와 특성 또는 행사일에 따라 구매 트랜드가 달라지고, 요구되는 상품 특성도 달라진다. 즉 계절과 시기에 따라 유통 흐름이 달라진다.

20대 이웃을 타깃으로 운영되는 의류 인스타마켓의 경우 면접 시즌에는 '면접 복장', 바캉스 시즌에는 '모델 부럽지 않은 스타일리시한 바캉스룩'을 선보이는 것이 하나의 사례이다.

이처럼 아이템별로 계절, 시기에 따라 다양한 유통 특성을 띠고 있으므로 아이템 선정 시 해당 아이템의 유통 특성을 파악하는 것이 중요하다. 아이템 특성을 파악한 후 해당 아이템 분류에서 좀 더 특화되고 독창적인 것 중 이제 막 유행되려고 하거나 태동하려는 초기 단계의 아이템을 선택하는 것이 좋다.

일반적으로 상품의 라이프 사이클(life cycle) 위치, 즉 라이프 스테이지(life stage)에 따라 판매 전략을 다르게 구사해야 할 필요가 있다. 상품의 라이프 사이클을 잘 파악하여 선택해야 재고에 대한 부담을 줄이고 이윤을 극대화할 수 있다.

다음 왼쪽 그림은 ○○○롱가디건 아이템의 성숙기 판매 가격으로 31,920원(❶)에 판매되었다. 반면 오른쪽 그림은 시즌이 끝나는 쇠퇴기를 거쳐 다음 해로 넘어가는 이월 시기의 가격으로 도매업체를 통해 장당 6,800원(❷)에 판매되었다. 아이템은 4단계의 생명 주기를 거치면서 그 생명력을 다하게 되며 덤핑(땡) 가격으로 판매된다.

○○○롱가디건 아이템은 도입기, 성장기, 성숙기, 쇠퇴기를 기점으로 수요와 가격이 다음의 그래프와 같은 모양을 그리면서 형성된다.

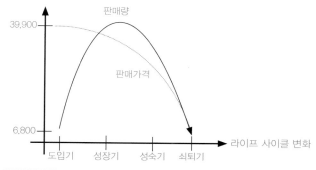

구분	도입기	성장기	성숙기	쇠퇴기
소비자	소비 준비	소비 시작	소비 절정	소비 위축
경쟁업체	미약	증대	극대	감소
아이템 전략	아이템 준비	아이템 판매시작	아이템 차별화	신상품 도입 준비
매출	조금씩 증가	급상승	정점 및 하락	급하락

▲ 아이템의 생명주기에 따른 판매량과 판매가격

❸ 상품평을 보면 아이템이 보인다

인스타마켓 등 SNS마켓의 댓글, 스토어팜 구매평 및 Q&A, 오픈마켓 상품평, 인터넷 쇼핑몰 상품평, 소셜커머스 상품평, 대형 쇼핑몰 및 백화점 쇼핑몰 상품평을 살펴보면 가격, 독창성, 기능, 스타일, 관계 등 아이템마다 고객의 다양한 의견을 통해서 고객의 구매성향과 만족도 및 불만족사항 등을 파악할 수 있다.

▲ 상품 리뷰 사례

▲ 스마트스토어의 구매평 사례

❹ 인스타마켓과 궁합이 잘 맞는 아이템 선정하기

　수많은 인스타마켓을 통해서 다양한 아이템들이 상거래를 통해 판매되고 있다. 그중에는 만족스러운 결과를 얻는 아이템도 있지만, 그렇지 못한 아이템들도 많다. 판매가 잘 안된 경우는 너무 비싸서, 홍보가 부족해서, 품질이 좋지 못하여, 운영자가 신뢰 되지 않아서 등의 요인이 있지만, 인스타그램 채널 성격과 아이템의 궁합이 잘 맞지 않는 경우도 많다.

　인스타마켓은 인터넷 쇼핑몰과 성격이 다르다. 인스타그램은 소통을 기반으로 만들어진 채널이기 때문에 인터넷 쇼핑몰에서 성공한 아이템이 인스타마켓에서도 통한다고 할 수 없다.

　인스타마켓을 통해 활발하게 판매되는 아이템은 화장품 및 뷰티 제품, 의류, 패션잡화, 취미용품, DIY 제품, 소형 생활가전, 기능성 제품, 농산물, 생활용품, 완구류, 육아용품 등이다. 일반적으로 다음과 같은 특징을 가진 제품이나 서비스가 인스타마켓에 적합한 아이템이라 할 수 있다.

　첫째, 체험이 필요한 아이템을 선택하자

　전자상거래를 통해 가장 많이 팔리는 제품은 소모성이 강해 재구매가 높은 아이템이다. 소모성이 강한 아이템에는 대표적으로 커피, 물, 쌀, 라면, 물티슈 등이 있다. 소모성이 강한 아이템일수록 반드시 따라오는 단점이 최저가를 선호한다는 점이다. 이 두 가지 사항을 통해 어느 판매자가 가장 저렴하게 판매하는가가 구매선택 요인의 전부가 될 수 있다. 또한, 소모성이 강한 제품들은 마진 차이가 미비해서 불과 몇백원 차이로도 치열한 경쟁을 벌일 수밖에 없는 레드오션 아이템이라 할 수 있다. 즉, 가격경쟁이 치열한 아이템은 쿠팡, 11번가 등 오픈마켓과 같은 박리다매 채널이 적합하다.

반면 인스타마켓은 운영자에 대한 높은 신뢰도가 바탕이 된 마켓으로 최저가에 의해서 구매 결정이 좌우되는 아이템보다는 운영자의 추천이 신뢰 되기 때문에 구매할 수밖에 없는 아이템이 유리하다.

유명 기저귀를 팔아야 한다면 아마 가격은 구매 결정의 전부가 될 수밖에 없을 것이다. 반면에 특장점이 뛰어난 타사 제품이나 화장품 등은 가격보다는 성능이 우선되어야 한다. 그 성능 표현은 단순한 제품 설명보다 운영자 스스로 체험한 결과와 느낌을 진솔하게 전달하면 그 효과는 배가 될 수 있다.

실제로 제품군을 검색해보면 대부분 운영자가 직접 사용하는 모습이나 먹어본 체험 이야기를 올리고 판매를 진행한다.

둘째, 인스타마켓 컨셉과 어울리는 아이템을 선택하자

고객은 항상 저렴한 제품만 구매할까? 물론 가격은 가장 중요한 구매선택 기준 중 하나임은 틀림없다. 또한, 인스타마켓의 스타일과 컨셉을 연출하지 못한 사람들은 공통으로 무조건 싸야 팔린다고 말한다. 그러나 항상 저렴한 아이템을 찾게 되고 이런 상황이 반복되다 보면 그것이 내 인스타그램의 컨셉이 된다.

내 계정의 컨셉이 무엇인지를 결정하고 그 컨셉에 맞는 아이템을 선택한다면 가격 경쟁력만 존재하는 마켓이 아닌 컨셉에 맞는 제품을 선택하여 판매할 수 있다. 예를 들어 수많은 유아 의자가 있지만, 고객은 때에 따라서 무조건 저렴한 유아 의자를 선택하지는 않는다. 만약 평소 신뢰하던 육아맘이 직접 사용하고 장점을 잘 표현한다면 다소 가격대가 높은 유아 의자라도 인기리에 판매될 수 있다.

셋째, 전문성이 강한 아이템을 선택하라

인스타마켓으로 제품을 판매하기 위해서는 무엇보다도 판매할 아이템에 대한 전문성이 있어야 한다. 자신이 판매할 아이템에 대한 전문성이 없다면 자신의 팔로워들에게 자신 있게 추천할 수 없다. 전문성이 없다면 오픈마켓에 저가로 등록해서 박리다매로 판매하는 것이 나을 수 있다.

인스타마켓에서 가장 많이 취급하는 아이템은 패션과 뷰티이다. 이것은 전문성이라는 '컨셉'을 의미하고 패션과 뷰티 제품은 소모성이 강하고 계절별로 유행별로 다양한 판매가 가능하기 때문에 컨셉은 더욱 중요하다. 무조건 사다드림 판매 형태는 팔로워에게 만족스러운 호응을 이끌어 내기 어렵다. 팔로워들에게 전문성을 인정받기 위해서는 자신이 가장 잘 표현할 수 있는 컨셉을 선택하고 다양한 정보들을 꾸준히 업로드하여 소통할 수 있어야 한다. 패션과 뷰티 외에도 쿠킹, 요리, 미용, 애완, 도서, 건강 등 전문성이 강할수록 유리한 아이템들이 있다.

넷째, 재구매와 연관구매율이 높은 아이템을 선택하라

화장품, 수제 쿠킹, 패션잡화, 의류, 농수산물, 건강식품, 액세서리, DIY 등은 연관 상품의 구매율이 높은 상품으로 인스타마켓에 매우 유리한 아이템이다. 일회성으로 구매하고 끝나는 것이 아니라 한 번 신뢰가 쌓이면 꾸준한 재구매와 연관구매를 일으키기 때문이다. 재구매가 강한 아이템은 일정한 매출(일정 수의 고객)을 보장한다.

> 발렌타인데이, 화이트데이, 어린이날, 크리스마스, 명절 등 기념일마다 소비율이 높은 상품이 있으며, 휴가철 등 계절별 시즌마다 소비율이 높은 상품이 있다. 이런 시즌 상품의 특징은 단기판매 성격이 강하여 판매 기간은 짧지만, 그에 비해 단기간 매출이 높다. 하지만, 일정 물량을 사들여놓고 판매하는 마켓의 경우는 재고 부담에 대해 신중히 선택해야 한다.

다섯째, 이런 아이템은 피해라

사이즈, 색상 등 옵션이 많은 제품은 초보자가 감당하기 쉽지 않은 아이템이다. 의류 중에서도 아동복은 사이즈, 색상이 다양하고 재고로 남을 수도 있기에 접근하기 어려운 아이템이다. 의류를 한다면 레깅스, 트레이닝복, 티셔츠 등 프리 사이즈 아이템이나 색상이 다양하지 않은 아이템이 반품과 재고 부담을 낮출 수 있어서 초보 마켓 운영자에게는 유리하다.

TIP **아이템 타당성 조사하기**

아이템 선정 후 타당성을 조사한다. 타당성 조사는 '원가+수수료, 세금, 임대료, 경비, 잡비 등 = 마진' 공식으로 계산되며, 여기서 마진은 원가의 2~3배 정도는 보장되는 아이템인가를 조사하는 것이다.

---

❺ 아이템 사입하기

아이템별 제조업체 찾기

아이템 선정 시 제품을 직접 만드는 제조업체, 수입업체를 거래처로 만드는 것이 유리하다. 제조업체는 제품의 전체 생산 공정, 재료의 특성, 제품의 특징, 제품의 생명력 등을 누구보다 잘 알기 때문이고, 또한 가격 협상에서 유리할 수 있기 때문이다. 하지만 초보자에게 제조업체, 수입업체와 직거래는 절대 녹록하지 않을 것이다. 만약 제조업체, 수입업체와 거래가 성사되지 않거나 찾지 못했다면 제조업체, 수입업체 다음 유통 단계인 도매 시장 또는 도매단지의 업체들과 거래하기가 쉽고 빠를 수 있다.

도매 시장과 도매단지는 성격이 비슷하며 품목에 따라 동대문 의류 도매 시장, 화곡 생활용품 유통단지 등과 같이 시장과 단지로 구분한다. 도매 시장이나 도매단지 모두 도매 업체들이 모여 군락을 이룬 곳으로, 아이템에 따라 거래 성격도 약간씩 차이가 있다.

아이템별 도매 시장 또는 도매단지에 대해서 알아보자. 품목에 따라 다음에 소개하는 도매 시장 이외에도 지역마다 산발적으로 분포되어 있다. 이런 경우 검색 포털 사이트에서 '아이템+도매', '아이템+제조, '아이템+수입업체'로 검색하여 제조업체나 도매업체 또는 수입업체를 확인할 수 있다.

- 제조업체 단지

  아이템별 제조업체, 공장들이 밀집된 단지를 알아보자.

품목	위치	특징
의류	창신동 봉제 공장	동대문 의류 도매 시장의 하청업체가 많음.
수제화	성수동 수제화거리	수제화
가방	신월동 가방거리	양천 가방협동조합
가죽공방	성수동 가죽공방 거리	가죽공예, 공구, 교육 등 가죽 관련 산업이 활성화되어 있음.

TIP 제품 품질 표시

모든 제품은 포장지 또는 그림과 같이 라벨에 제조업체, 수입업체 등의 연락처, 홈페이지 주소 등이 표기되어 있다. 여기에 표시된 연락처나 홈페이지를 통해서 업체와 거래를 시도할 수 있다.

아이템별 도매업체 찾기

❶ 의류 도매 시장 살펴보기

다음은 의류 도매상가를 주요 품목별로 나열한 표이다.

아이템	위치	특징
남성복(30 후반~50대)	통일상가 1~2층, 평화시장 1층	통일상가 A동은 기성복이 주류
여성복(30 후반~50대)	광장시장 1층, 평화시장 2~3층, 흥인시장 1층	—
아동복	남대문 삼익 패션 타운 지하, 대도 상가 지하, 통일 상가 3층, 흥인 시장 2층	• 남대문 원도매업자가 동대문 도매업자에게 도매 판매하는 경우가 많음 • 삼익패션 도로변은 브랜드 아동의류가 많음
캐주얼 남녀 의류	청평화시장 1~4층, 신평화시장 2~3층, 광장시장	—
청바지, 청자켓	동평화시장 지하4층, 신평화 2~3층, 남평화시장 2~3층, 통일상가 2~3층	동평화, 광희시장 1층은 저가 의류가 많음
보세의류	청평화시장 지하, 동평화시장 4층, 제일평화시장 3층	동평화시장 지하는 저가 의류가 많음
가죽의류	광희시장 2층, 골든타운 2~3층	광희시장 2층은 가죽 제품 전문점들이 많음
일본 구제의류	광장시장 2~3층 일부	일본 구제 의류 및 패션잡화, 빈티지스타일 아이템이 주류
빅사이즈의류	이태원시장 주변, 신용산역 주변	이태원시장 주변은 도·소매 중심, 신용산역 주변은 소매 중심
군복/군모	종로5가 곱창골목 입구, 남대문 대도상가 D, E동 사이	군복, 군화 등 군인용품 도매상가이며, 대도상가의 규모가 더 크다.
덤핑/저가의류	테크노상가 1~4층, 동평화시장 지하 4층, 평화시장 지하, 삼우텍프라자 1~3층, 통일상가 2~3층, 이태원 시장	삼우텍프라자는 덤핑과 함께 각종 보세의류 취급
명품 스타일/고가 의류	신평화시장 1층, 동평화시장 1층, 제일평화시장 지하와 2층, 광희시장 지하, 디지이너 클럽, Area6, 뉴존지하	제일평화, Area6, 디지이너클럽은 고가 의류가 많음
속옷	동평화시장 1층, 신평화시장	브랜드와 노브랜드의 비율이 3 : 7 정도로 노브랜드 제품이 강세
양말	신평화시장 1층	속옷시장과 함께 형성되어 있고, 남성·여성·아동용 모두 취급하고 도매 가격은 개당 100~300원 정도로 형성
유니폼/모자	평화시장 1층, 남대문시장	평화시장 1층은 작업복, 단체 체육복이 강세, 남대문시장은 각종 직업 유니폼 강세로 평화시장보다 가격이 높은 편임 • 평화시장 1층은 모자 도매 전문
한복	동대문종합시장 주단부, 종로5가 지하상가, 광장시장의 한복전문상가	• 동대문종합시장은 원단을 함께 취급함

❷ 패션잡화 도매 시장 살펴보기

다음은 패션잡화 도매상가를 주요 품목별로 나열한 표이다.

아이템	위치	특징
운동화 · 구두	동대문신발상가, 흥인시장 1층과 이면골목, 성수동 수제화거리, 회현역 주변	동대문신발상가 C동이 가장 크며, D동은 중국산 제품이 많고, 성수동 수제화거리는 수제화가 주류, 회현역 주분은 아동 구두가 많음
지갑 · 벨트	남평화시장, 남대문 유성상가	남대문 유성상가은 도매 중심, 남평화시장은 도 · 소매
가방 · 핸드백	남평화시장 1층과 지하, 청계천5가 가방도매상가(평화시장 맞은편)	청계천6가는 서류 및 여행 가방, 남평화시장은 숙녀용 및 캐주얼 가방이 강세
액세서리/보석	남대문시장 액세서리 상가(마노, 영창, 연세, 장안, 실로암, 코코, 남정, 우주 등), 종로3가 대로변과 단성사 주변	• 종로4가는 귀금속 도소매 • 인터넷 판매자는 준보석류 거래가 주류. • 종로는 이리 공단에서 유입되는 수량이 많음
시계	청계천, 숭례문 지하상가 1층과 지상1층 종로 4가	국산, 중국산, 이미테이션, 일본산 등 다양하며, 손목시계가 주류임
가방 · 핸드백	남평화시장 1층과 지하, 청계천5가 가방도매상가(평화시장 맞은편)	청계천6가는 서류 및 여행 가방, 남평화시장은 숙녀용 및 캐주얼 가방이 강세
안경/선글라스	남대문상가 주변, 남대문 대도상가 주변	남대문상가 주변은 도매 강세, 대도상가는 소매 강세
넥타이	청대문 옆 동화의류 부자재상가, 동평화시장, 청평화시장	동화의류는 사은품으로 사용할 수 있는 초저가 넥타이 전문점들이 많음.
의료/이 · 미용기기	종로5~6가 대로변, 숭례문 지하 수입상가	• 종로 5~6가 대로변은 의료기기가 많음 • 숭례문 지하 상가 : 수입 이 · 미용기기가 많음
화장품	화곡 생활용품 유통단지, 남대문 대도 상가 대로변	화곡 생활용품 유통단지는 도매, 대도상가는 소매 중심
이불 · 커튼 · 침구류	동대문종합시장 1층, 광장시장, 고속터미널상가	고속터미널 상가는 가격은 약간 높은 편이지만 동대문시장에 비해 품질이 우수하다
수건	청계6가에서 평화시장 1층 대로변	사은품으로 사용할 수 있는 수건이 많음

❸ 문구/완구/애완용품 도매 시장 살펴보기

다음은 문구/완구/애완용품 도매상가를 주요 품목별로 나열한 표이다.

아이템	위치	특징
문구	남대문 문구골목(1~2번 게이트쪽), 동대문 문구거리, 천호동 문구거리, 화곡 생활용품 유통단지	화곡동 생활용품 유통단지 는 중저가 완구가 많음
완구	천호동 문구 · 완구 도매 시장, 청계천 플라스틱 완구 도매 시장, 화곡동 생활용품 유통단지	전자완구는 천호동, 플라스틱 완구는 청계천이 유리함
완구 부속	청계천5가 광장시장 2층	전동 완구 부속품들이 많음
팬시/화구/화방용품	숭례문 수입상가에서 대도상가 방향의 팬시용품 거리	• 도매 거래 시 사업자등록증 사본이 있어야 한다. • 소매의 30~40% 이상 저렴
애완용품	진양상가 2층, 충무로 상가	• 수입품이 많으며, 큰 도매 거래가 어려움 • 충무로 상가에서 애완용품 직수입오퍼 진행 가능

❹ 등산/스포츠/자동차용품/기타 도매 시장 살펴보기

다음은 등산/스포츠/자동차용품/기타 도매상가를 주요 품목별로 나열한 표이다.

아이템	위치	특징
등산용품	광장시장 맞은편 청계 6가 대로변, 회현역 대로변	• 도매 가격은 소매가격보다 20~30% 저렴하다. • 청계6가 대로변은 소매 중심, 회원역 대로변은 도매 전문 지역
스포츠용품	동대문운동장 주변, 남대문 회원역 대로변, 평화시장 1층	동대문운동장 주변은 소매 중심, 남대문 회원역 대로변은 도매 중심, 평화시장 1층은 각종 라켓 및 스포츠용품 도·소매
낚시용품	서울역에서 남대문 방향	• 도매와 소매의 차이가 10~20% 내외로 크지 않음. • 낚시 전문 쇼핑몰을 운영하고 있는 상태라면 폐업하는 낚시 가게를 덤핑으로 거래하는 것이 유리
자동차용품	장안평 중고차매매시장 주변, 화곡동 생활용품 단지	장안평은 분산된 상가로 시장조사의 어려움이 있음
오토바이용품	퇴계로5가 대로변 주변	신상품과 중고품을 함께 취급하는 곳이 많음.
수영용품	남대문 중앙시장 1층, 청계천6가 평화시장 1층	• 브랜드와 노브랜드 제품의 비율은 4 : 6 정도임 • 브랜드제품의 도매 가격은 소매 가격보다 20~30% 저렴함
인테리어용품	남대문 대도상가 C, D동 2층	수입품은 60~70% 정도이고 중국산 제품의 비중이 늘어나고 있음
그릇/식기	남대문 중앙상가, 대도상가 D동, 숭례문 수입상가, 광장시장 2층, 남대문 중앙상가 C동 지하상가, 을지로4가 스텐레스 상가	• 남대문 중앙상가가 가장 유명하다. • 도매 가격은 소매의 40~50%에 거래된다
조명기기	용산전자상가, 세운상가 좌우 도로변과 이면골목	• 세운상가의 점포는 자체 공장을 보유한 곳이 많음 • 도매 가격은 소매가격의 60~70% • 도매 생산은 100개 이상
도기/타일	을지로 2가에서 3가 로터리까지 대로변	도매 가격은 소매 가격의 50~60%에 거래됨
지물	을지로 5가 교차로에서 방산시장 입구	포장지, 포장재료 등 택배용품들이 많음
카메라 및 부자재	카메라 및 부자재	숭례문 지하상가는 일본 내수용 카메라가 많음
악기	종로 낙원상가 2~3층, 부산 서면 악기상가	2층은 일반 매장이고 3층 점포와 수입업자 사무실

❺ 식품/식품재료 도매 시장 살펴보기

다음은 식품/식품재료 도매상가를 주요 품목별로 나열한 표이다.

아이템	위치	특징
제과·제빵 재료	청계5가 방산시장 초입	제과·제빵 재료와 기구 제작 업체들도 밀집되어 있음
건어물	을지로4가 중부시장, 가락동 농수산물 시장 내 건어물 도매 시장	새벽 시장과 주간시장으로 구분되어 있음
가공식품	청량리 식품 도매 시장	유명제과 및 약품회사의 제과와 음료가 많음
수입식품	남대문 중앙상가 C동 지하 도깨비시장	일본, 미국 등 수입식품이 주류를 이루고 있음
식품재료	방산시장	–
건강식품	제기동 경동시장과 주변	–
한과/떡	낙원상가를 중심으로 좌우측	한과는 대부분 공장에서 제작되어 유통됨

| 사탕/과자 | 대한화재 이면 남대문시장 방향 | • 수입품과 국산은 6:4 비율
• 사탕 주력 상품
• 화이트데이, 발렌타이데이 이벤트 상품 많음 |
| 일본식품 | 부산 국제시장 | • 일명 깡통시장이라고 함
• 일본 보따리 상인에 의해서 주로 수입됨 |

동대문 도매 시장 주요 도매 상가별 특징 살펴보기

동대문 도매 시장은 각자 주력 품목과 특색을 지닌 30여 곳의 크고 작은 도매 상가들이 모여 있는 대한민국 의류의 메카이다. 동대문 도매 시장의 도매 상가는 영업 시간에 따라 크게 밤 시장과 낮 시장으로 나뉜다.

구분	상가명	영업시간	주요품목	비고
낮시간	디오트	00:00~12:00	B2F : 여성복(빅사이즈) B1F : 여성복, 잡화(ACC) 1~4F : 여성복	
	청평화		여성복	
	통일상가	22:00~10:00	남성복, 등산복	
	평화시장	22:00~06:00	모자, 벨트, 스카프, 장갑, 안경, 잡화	
	신평화시장	24시간(B1, 1F) 22:00~12:00(2F~4F)	속옷, 숙녀복, 양말	1F : 내의류, 스포츠류 2~4F : 숙녀복
	동평화시장	09:00~18:00(전층) 00:00~09:00(신관, B1, 1F 야간운영)	B1~1F : 가방 2~3F : 남성복	
	남평화시장	00:00~13:00(B1~1F, 야간운영)		B1, 1F 가방 매장 개장 시간 : 월요일은 06:00
밤시간	광희패션몰 퀴즈스퀘어		B1~1F : 숙녀복 2F : 가죽, 모피 3~5F : 여성복	
	디자이너클럽		B2F : ACC B1~4F : 여성복	
	유어스		여성복	
	누존		B2~2F : 여성복, 3F : 남성복, 잡화 4F : 남성, 여성 수제 구두, 5~6F : 남성복	
	APM	20:00~06:00	B1~3F : 여성복 4~7F : 남성복	
	APM럭스		B2~B1F : 잡화 1~6F : 여성복	
	팀204		B1~1F : 여성복, 2F : ACC, 잡화 3F : 아동복, 4~5F : 홀복, 이벤트복	
	헤양엘리시움		아동복	
	벨포스트		B1~2F : 여성복 3F : 남성복(일반, 빅사이즈)	

	아트프라자		여성복	30~40대 미시복
	스튜디오W	20:00~06:00	B1 : 미씨복, 여성복, 잡화 1~2F : 여성복 3~4F : 남성복(빅사이즈)	
	테크노	1:00~06:00	여성복	저가 의류가 많다
	맥스타일	11:00~05:00	여성복, 잡화	
밤시간	서평화	21:00~09:00	여성복	
	제일평화	09:00~17:30 20:00~05:00	B1 : 구두, 가방, ACC, 여성복, 수입의류 1~5F : 여성복, 수입의류	낮시장, 밤시장 운영, 새벽 시간은 도매 판매
	신발상가 A~D동	02:00~14:00	구두, 여성화, 남성화	03:00시에 오픈하는 매장 이 많고, C동과 D동에 다양 한 신발 품목을 판매한다

TIP 제조업체, 수입업체, 도매업체와 거래하기

제조업체, 수입업체, 도매업체와 두 가지 방법으로 거래할 수 있다.

첫째, 제품을 받아 리뷰 형식으로 거래하는 방법
둘째, 공동구매, 위탁판매, 직거래 형식으로 거래하는 방법

만약 인스타마켓 초창기에 직접 제품을 사입해서 판매하기가 쉽지 않다면 위의 첫째 방법인 제조업체, 수입업체, 도매업체로부터 제품을 제공 받거나 체험단에 참가하는 형식으로 피드를 작성한다. 그 이후 논평 및 제품을 표현하는 비결이 축적되고 이웃들의 반응이 좋아지면 두 번째 방식을 접목한다.

화장품을 예로 들어보자.
화장품 리뷰 전문 인스타그램으로 시작하여 3~6개월 이후 화장품을 직접 판매하는 화장품 전문 인스타마켓은 물론 전문 인터넷 쇼핑몰로 성장할 수 있다.

상품 사입 없이 나도 판매자, 도매매 배송대행

배송대행 B2B 서비스인 도매매(http://domeme.com)는 상품을 구매하여 다른 곳에서 판매하는 인스타마켓 판매자, SNS마켓 판매자, 공동구매 진행자 등 전문셀러를 위한 서비스이다. 전문셀러들은 상품 사입없이 이미지만을 자신의 판매 채널(여기서는 인스타마켓, SNS마켓)에 진열한 후 판매가 되면 도매매에서 해당 상품을 구매할 때 실구매자(소비자)에게 직배송을 요청하면 된다. 도매매 판매자(상품공급자)가 여러분의 인스타마켓명이나 사업장 이름으로 소비자에게 배송까지 대행해준다. 단, 도매매는 사업자인증을 받은 사업자회원만 구매 가능하다.

▲ 도매매

※ 도매매에서 무재고/무사입으로 창업 시작하는 방법은 "B2B배송대행 전문셀러 완벽분석(앤써북)" 책을 참조한다.

다음은 도매매 전문셀러의 주문배송 과정을 나타낸 프로세스이다.

도매매에서는 각 상품들의 대표이미지, 상세정보를 제공하고 있으며 각 전문셀러(여기서는 스마트스토어 판매자)들은 이 내용을 본인의 스마트스토어에 올려서 상품을 판매하면 된다. 상품공급은 도매매에 계신 상품공급사분들께 맡기고 다양한 판매관리, 마케팅을 통해서 상품을 판매하고, 자신의 스마트스토어에서 주문이 들어오게 되면 해당 내역으로 도매매에서 주문을 넣으면 된다.

인플루언서 협력업체 제휴하기

SNS시장은 예전보다 많이 활성화되어 있다. 과거의 대기업은 TV 광고나 오프라인 등으로만 홍보를 했다면 요즘은 SNS시장을 통해 더 적극적으로 홍보하는 추세이다. 실제로 TV 광고에 쓰이는 비용보다 SNS로 홍보하는 것이 가격대비 훨씬 더 효과적이기 때문이다.

그래서 요즘은 팔로워 수가 많지 않아도 공동구매를 해보지 않겠냐고 제품을 제안하기도 하고, 공동구매를 할 사람들을 모집하는 광고를 띄우기도 한다. 그만큼 접근성이나 제품 컨텍이 쉬워졌다.

하지만 이때 주의해야 할 점은 반드시 제품을 직접 테스트해보고 오픈마켓에서보다 경쟁력이 있는지 확인하고 장단점을 직접 비교해본 후 진행하고 믿을만한 업체인지 검증해야 한다. 유통사가 다양하므로 동일 제품이라도 A 업체는 5,000원에 공급하고 B 업체는 6,000원에 공급할 수도 있으며, 유통사에 따라 판매가격 규정도 다양하기 때문이다. 같은 제품을 다른 마켓에서는 만 원에 판매하는데 내 계정에서는 9,000원에 판매한다면 그것만으로도 홍보가 될 수 있다.

다음은 인스타그램 DM으로 공동구매를 제안받은 내용이다.

이와 관련하여, 자사 제품 중, 국내에
신규로 론칭하는 미국산 색감입욕완구
████████과

와 연계하여 함께 성장할 수 있는
인플루언서를 찾던 과정에서 귀하의
SNS를 통해 공동
구매를 진행할 경우, 좋은 효과가
나타날 것으로 사료되어 연락을 드리게
되었습니다.

저희는 어린이건강기능식품 전문브랜드
████████를 판매하고 있는
본사입니다 😊

산타맘님의 피드를 관심있게
지켜보다가 유아 관련 피드와 우리
아이를 생각하며 산타맘님의 기준에
따라 엄선한 제품만을 공구 진행하시는
것을 보며 저희와 잘 맞다고 생각되어
제안을 드리고 싶어 연락드립니다 🤍

일단 ████████ 제품에
대해 간단하게 설명 드리자면
성장기어린이에게 꼭 필요한 오메가3,
칼슘, 유산균, 철분제 등 총 8종으로
구성된 건강기능식품입니다.

인플루언서 제휴 신청을 통해 직접 제품 샘플을 받아서 사용해보고 원한다면 일정을 협의하여 공동구매를 진행할 수 있는 플랫폼도 있다.

제휴 신청을 원하는 독자들은 〈〈카카오 플러스 산타맘〉〉으로 연락을 주시기 바란다.

11
결제페이지 만들기

인스타마켓은 2년 전까지만 해도 블로그로 이동해서 주문서를 쓰고 현금을 이체한다든지, DM(메시지)으로 주문서를 받아서 현금으로만 주문하는 방식이 주로 사용되었다. 하지만 고객은 현금보다 카드 사용에 익숙하다 보니 카드결제를 선호한다. 그 추세에 맞게 인스타마켓에서도 대부분 카드결제 방식을 사용하고 있다. 카드결제는 개인 결제창을 이용해서 전자결제를 진행하는 것이 좋다. 전자결제 서비스를 이용하면 고객의 결제 편리함을 도울 수도 있고, 고객 관리에도 편리하다.

스룩페이, 블로그페이, 페이앱, 정글페이 등 전자결제 서비스의 종류는 다양하다. 이때, 페이지 사용 수수료와 정산주기를 반드시 비교한 후 가장 적합한 서비스를 선택한다.

다음은 스룩페이의 수수료 및 정산표이다.

품목	신용카드	휴대폰 소액 결제	네이버 페이	안심계좌	무통장입금
수수료(VAT별도)	3.4%	5.0%	3.4%	300원	무료
정산 일	영업일 기준 D + 5일	휴대폰 : 월 4회 1회 (1일 ~ 7일 결제건 : 15일) 2회 (8일 ~ 14일 결제건 : 22일) 3회 (15일 ~ 21일 결제건 : 29일) 4회 (22일 ~ 31일 결제건 : 다음달 8일)	영업일 기준 D + 5일	영업일 기준 D + 5일	–

다양한 전자결제 서비스 중 스룩페이(https://www.srookpay.com/)에 대해 알아보자.

스록페이 가입안내 페이지에 접속한 후 사업자 유형에 따라 가입절차와 서류 안내를 확인할 수 있다.

가입은 누구나 가능하나, 판매한 금액을 정산받기 위해서는 관련 서류를 제출해야 한다.

- 사업자등록증 사본, 대표자 명의 통장 사본, 외국인등록증(외국인 대표자의 경우)
- 월 거래금액 200만 원 이상 / 주문 건당 결제금액이 20만 원 이상이면 보증보험에 가입해야 한다.

스록페이에 회원 가입이 완료되면 판매 관리자 페이지에 접속한 후 상품관리 −〉 상품 등록 메뉴에서 제품을 등록하면 결제링크가 생성된다. 이때 상품명, 인스타링크 클릭(인스타그램 프로필에 결제창 주소를 입력할 수 있다), 판매가격, 상세페이지 등을 입력한다.

주문관리에서 주문내역을 확인할 수 있고, 즉시 엑셀 파일로 주문서를 생성할 수 있고, 단체 문자발송도 가능하다.

매출/정산에서는 기간별 매출을 즉각적으로 확인할 수 있다.

매출내역에서 스룩페이 사용 수수료를 제하고 일주일 후 통장으로 입금된다.

주문관리에서 주문한 고객들에게 SNS 발송을 할 수 있어서 고객 관리에 용이하다.

| **TIP** | 별도의 계약서를 써야하거나 현금 결제만 가능한 경우는 어떻게 하나요? |

스룩페이에서 현금 결제만 설정할 수도 있고 네이버 오피스폼으로 별도 양식을 만들어서 접수 받을 수도 있다.

12
인스타그램과 페이스북 연동하여 홍보하기

인스타그램 광고를 활용하는 이유는 두 가지가 있다. 첫째는 나를 팔로워 하지 않는 타겟층에게도 나의 게시물을 노출시켜 홍보하고 신규 고객을 모집하기 위함이고, 둘째는 팔로워의 홈에도 나의 게시물이 상단에 노출되도록 하는 데 있다.

다음과 같이 "sponsord"라고 표시되어 보이는 게시물들이 이에 해당하는데 홈, 탐색 탭, 스토리 등에 노출될 수 있다. 사진이나, 동영상을 선택할 수 있는데 사진의 경우는 1장보다는 여러 장 업로드 하는 것이 반응률을 높일 수 있고, 동영상의 경우는 너무 긴 영상보다는 짧은 영상을 추천한다(10초 내외).

▲ 피드에 홍보되고 있는 게시물 사례　▲ 스토리에 홍보되고 있는 게시물 사례

인스타그램에서 피드 홍보하기

인스타그램에서 홍보하기 위해서는 우선 비즈니스 계정으로 전환되어 있어야 한다. 만약 아직 개인 계정이라면 비즈니스 계정으로 전환한다. 비즈니스 계정 전환에 대한 자세한 사항은 "Part 02-08 인사이트 분석하여 멋진 계정 만들기"를 참조한다.

1 자신의 피드 중에 홍보하고 싶은 게시물로 들어간 후 [홍보하기] 버튼을 누른다.

2 랜딩 페이지가 나타난다. 랜딩페이지는 광고를 보고 게시물을 눌렀을 때 먼저 보이는 화면을 설정하는 곳이다. 원하는 항목을 선택한다. 선택하게 되면 파란색 동그라미로 표시된다. 체크 후 우측 상단의 다음 버튼(→)을 누른다.

- 내 프로필 : 인스타그램 메인 프로필 화면을 보이게 하는 항목이다.
- 내 웹사이트 : 홈페이지를 소유하고 있거나 결제페이지로 바로 이동하기 원하는 경우 선택하는 항목이다.
- 내 Direct 메시지 : DM(메시지) 채팅 창으로 연결되게 하는 항목(상담이나 컨설팅을 하는 계정이면 추천한다)이다.

3 타겟 페이지가 나타난다. 누구에게 홍보할 것인지를 결정한다. 이 옵션은 여러분의 팔로워와 비슷한 사람들을 타겟팅해야 효과적이다.

- 특별 광고 카테고리 : 이슈, 선거, 정치인, 신용, 고용, 주택과 관련된 광고를 진행하는 경우에 설정한다.
- 타겟설정 : 이 게시물을 누구에게 홍보할 것인가를 정하는 항목이다.
- 자동 : 나의 팔로워나 팔로워들과 관심사가 비슷한 계정을 자동으로 타게팅해서 홍보해준다. 팔로워가 모두 내 고객으로만 형성되어 있다면 추천한다.
- 직접 만들기 : 좀 더 세분화해서 타겟을 설정하고 싶다면 직접 만들기를 추천한다. 팔로워를 보면 고객도 있지만, 관련 없는 계정도 있을 수 있으므로 직접 만드는 것이 더 효과적이다.

만약 '직접 만들기' 옵션을 설정하게 되면 다음과 같은 화면이 나온다.

타겟을 설정하는 화면으로 다음을 설정한 후 완료 [✓] 버튼을 누르고 우측 상단의 다음 버튼(→)을 누른다.

- 타겟 이름 : 다음에 같은 설정의 타겟으로 선택할 때 알아보기 쉽도록 설정한다. 상품명, 타겟 특징으로 이름을 지으면 다음에 선택할 때 편리하다.
- 위치 : 광고하고자 하는 지역을 선택한다. 대한민국, 미국, 서울, 부산 등으로 설정할 수 있다.
- 관심사 : 육아, 뷰티, 화장품, 자동차 등 원하는 관심사를 검색할 수 있는데 해당 해시태그와 관련된 게시물을 올리거나 그에 반응한 사람이 타겟이 될 수 있다.
- 연령 및 성별 : 연령은 13~65세 사이에서 설정할 수 있으며, 남성, 여성에서 선택할 수 있다.

❹ 예산 및 기간 페이지가 나타난다. 일일 광고 예산과 집행 기간을 설정한다. 예산은 일일 2,000원에서 1,000,000원까지 설정할 수 있고, 기간은 1일에서 30일까지 설정할 수 있다. 금액이 높고 기간이 길수록 많은 인원에게 노출된다.

설정이 모두 완료되면 광고비를 결제할 수 있는 카드 입력란이 나온다. 한 달에 한번 전체 광고비가 일괄 출금된다. 카드 설정 후 [홍보 만들기]를 클릭하면 일정 시간 검토 이후에 광고가 시작된다. 광고법 위반되는 단어를 사용하거나 사진에 텍스트가 너무 많은 경우 광고 승인이 오래 걸리거나 거절될 수 있으니 주의한다. 추산 도달수는 등록된 광고가 보여지는 대략적인 인원이다.

인스타그램에서 스토리 홍보하기

인스타그램에서 피드 홍보와 같은 방법으로 스토리도 홍보할 수 있다. 스토리를 광고할 때도 같은 방법으로 할 수 있다.

1 스토리 업로드 후 [홍보하기]를 선택하면 스토리 홍보 과정이 진행된다.

2 랜딩페이지를 선택한다. '내 웹사이트' 버튼을 선택하면 구매 창으로 바로 넘어갈 수 있거나 원하는 사이트 주소를 입력할 수 있다.

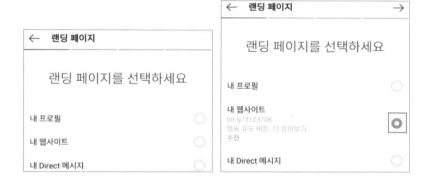

3 게시물을 보고 클릭 또는 영상 시청을 유도하기 위한 행동 유도 버튼을 설정한다.

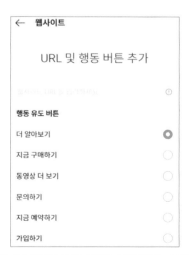

> **" 홍보할 게시물을 선택할 때는 눈에 띄는 사진으로 선택하고, 이벤트를 홍보하는 것이 좋다.**
> 상황에 맞는 한 달 홍보예산을 정하고 그 안에서 홍보비를 책정하는 것이 좋고, 다양한 게시물을 다양한 방법으로 홍보를 해보고 계속 수정해 나가야 한다.

Facebook 연계하여 인스타그램 광고하기

인스타그램에서 직접 광고를 진행하는 것보다 Facebook으로 진행하면 타겟을 좀 더 세분화해서 설정할 수 있기 때문에 효과적인 광고를 진행할 수 있다.

1 인스타그램 가입 시 Facebook 연동을 설정하지 않았다면 인스타그램 하단 오른쪽의 설정을 누른다.

2 설정 리스트 중 '계정'을 누른 후 '연결된 계정'을 누른다.

3 Facebook을 선택하고 로그인한다.

4 Facebook 계정을 연동하였으면 광고관리자 어플을 설치하면 간단하게 광고를 시작할 수 있다.

5 로그인 후 메인화면에서 '광고 만들기'를 클릭한다.

6 새로 만들기에서 게시물 참여 메뉴를 선택한다. 그 외에 필요에 따라 동영상 조회, 웹사이트 트래픽, 도달, 메시지, 페이지 좋아요, 이벤트 응답 등을 선택할 수 있다.

7 게시물을 선택할 수 있는데 Facebook 게시물 만들기에서는 인스타그램의 올려진 사진이 아닌 다른 사진도 선택할 수 있다. 인스타그램 게시물 만들기는 기존에 올려진 인스타그램 게시물을 그대로 홍보할 수 있다.

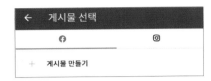

8 저장돼있는 이미지를 선택하고 본문을 작성한 후 다음을 선택한다.

9 새 타겟 만들기를 선택한다.

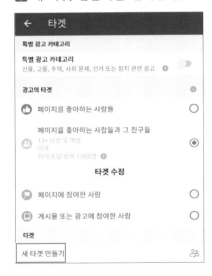

10 인스타그램 광고에서는 나이, 성별, 지역만 분류할 수 있었다면, Facebook 타겟 설정은 지역, 나이, 성별뿐 아니라 관심사가 좀 더 세분화되어 있고 일치하지 않는 관심사 군은 제외시킬 수 있다.

예를 들어 인스타그램 타겟은 30대 여성 뷰티에 관심있는 사람으로 설정할 수 있다면, Facebook 타겟은 기혼인지 미혼인지 비슷한 유형의 게시물에 반응이 높은 사람들인지 아닌지까지도 세분화하여 설정할 수 있다.

11 광고 예산과 기간을 설정하여 주문하면 일정 시간의 검토 후에 승인되어 광고가 개재된다. 하루 2,000원부터 100만 원까지 한 게시물당 노출할 수 있다. 홍보비용을 높일수록 도달 인원은 증가한다.

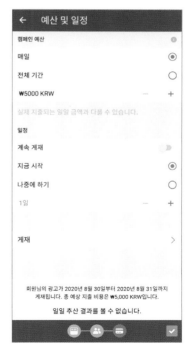

12 광고가 진행되면 광고 반응률에 대해 수치를 알려준다. 아래는 홍보 후 결과를 나타낸 것이다. 첫째 그림은 이틀 동안 6,657원을 홍보비로 사용하여 814명에게 도달하여 262개의 반응(클릭 유입, 좋아요, 댓글 등)을 끌어냈고, 두 번째는 8,719원을 사용하여 3일 동안 1,259명에게 도달, 393개의 공감을 끌어냈으며, 세 번째는 6,306원은 사용하고 800명에게 도달하고 283개의 공감을 끌어냈다. 즉, 만 원도 되지 않는 금액으로 200~400개 가까이 공감을 끌어낼 수 있으니, 가격대비 효과적인 홍보방법이다.

13
배송하기

인스타그램에서 공동구매 등의 형태로 상품을 판매한 경우 배송 주체에 따라 직접배송과 위탁배송으로 구분된다. 직접배송은 인스타마켓 운영자가 직접 판매와 배송을 진행한다. 반면 위탁배송은 인스타마켓 운영자는 판매, 배송은 공급사가 각각 업무를 분리해서 진행한다. 직접배송와 위탁배송에 대해 자세히 알아보자.

❶ 위탁배송

공급사에 주문서를 취합해서 전달하면 공급사에서 직접배송까지 해주는 절차로 재고부담이 없어 공동구매 진행시 주로 사용하는 방법이다. 택배비용은 계약 조건에 따라 제품 가격에 포함되거나 정산 때 지불한다.

유형 1 ▶ ❶ 개인 결제창으로 주문 접수 ➡ ❷ 주문서 공급사 담당자 전달 ➡ ❸ 공급사에서 직접 택배발송 ➡ ❹ 전달받은 송장번호 입력 ➡ ❺ 배송완료 ➡ ❻ 정산

다음은 필자의 실제 업무 진행 상황이다. 그림1은 발주화면이고, 그림2는 정산화면이다.

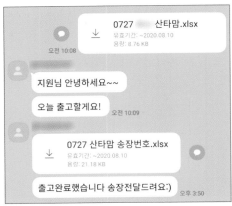

▲ 그림1 발주화면

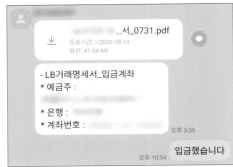

▲ 그림2 정상화면

유형 2 ❶ 공급사 자체 링크 사용으로 주문 접수 ➡ ❷ 공급사에서 직접 택배발송 ➡ ❸ 배송 완료 ➡ ❹ 백마진 정산

다음은 필자의 실제 업무 진행 상황이다. 그림1은 링크 전달받는 화면이고, 그림2는 정산받는 화면이다.

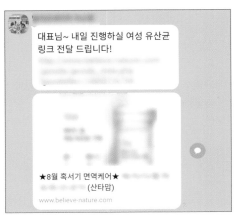

▲ 그림1 링크 전달받는 화면

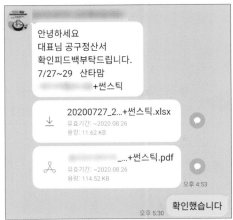

▲ 그림2 정산받는 화면

❷ 직접배송

인스타마켓 운영에서 배송 업체는 매우 중요한 비중을 차지한다. 특히 택배사 문제로 배송 지연이나 배송과정에서 상품의 파손, 분실 등이 발생하면 신뢰도가 하락한다. 인스타마켓은 팔로워와 오랜 신뢰로 만들어졌기 때문에 일반 온라인 쇼핑몰보다 더 치명적일 수 있다.

필자는 주로 위탁배송으로 진행하지만, 때로는 직접 실물 재고를 직접 받아서 직접 택배 발송할 때도 있다. 이때 개인 택배를 이용할 경우 건당 비용이 4,500원 이상 책정되는데 택배사와 제휴를 맺어놓으면 지정된 저렴한 가격으로 픽업 서비스를 이용할 수 있다. 이때, 사업자등록증이 반드시 있어야 등록할 수 있다.

특히 농수산물이나 식품을 판매하는 경우 배송 지연에 따른 제품의 가치가 훼손될 수 있으므로 냉동 차량 보유확인이나 배송 완료 기간을 따로 확인해 두는 것이 좋다.

인스타마켓 창업 초기에는 판매 수량이 미비하므로 배송 업체와 협상해서 건당 배송비를 낮추기가 쉽지 않다. 처음 계약 시 예상 배송 물량을 부풀려 배송료를 낮추어 협상하지 말고 솔직하게 이야기하고 물량이 늘어나면 계약 조건을 유리하게 변경할 수 있도록 하는 것이 바람직하다.

배송사고나 고객 크레임 시 처리 조건은 어떻게 되는지, 배송료에 부가가치세가 포함되는지, 도서 산간 배송비는 어떻게 되는지, 택배 기사의 제품 수거를 위한 방문시간과 정산 주기 등도 확인해보자.

배송 업체는 규모에 따라 대형 택배 업체와 중소형 택배 업체로 구분된다.

- 대형 택배 업체 : 사업이 일정 규모로 커지거나 안정성, 배송 시간 등이 정확하게 지켜지는 편이다. 초기 계약 시 배송료가 비싼 편이지만 배송 물량이 많아지면 가격을 협상할 수 있다. 대한통운, 한진, 현대 등이 있다.
- 중소형 택배 업체 : 거래 물량이 적은 사업 초기에 적합하다. 대형 택배 업체보다 비용이 저렴하다. KGB택배, 로젠택배 등이 있다.
- 우체국 택배 : 일반 택배 업체보다 분실, 배송 시간, 배송 사고 시 사후 처리가 안정적이다. 배송료가 상대적으로 비싼 편이지만 배송 물량이 많아지면 가격협상이 가능하다.

※ 택배 업체가 같아도 영업소마다 계약 조건과 서비스가 다를 수 있으므로 상담을 통해 입장을 충분히 설명하고 상황에 맞게 선택한다.

앞에서 설명한 결제페이지를 이용하면 주문 건에 따른 송장 번호를 등록할 수 있고, 등록 이후에는 자동으로 배송조회 및 배송 완료 체크를 할 수 있다. 또한, 송장 번호를 등록하면 고객에게 송장 번호가 문자로 발송되므로 배송 문의를 줄여주어 고객 만족과 업무 편리함이 생긴다.

다음은 필자의 실제 주문 건 조회 화면이다.

□	No	주문번호 주문일 입금일 메모	주문자명 주문자 연락처 수령인명 수령인 연락처	우편번호 주소1 주소2 통관번호	상품정보 (간략)	상품이미지	상품정보(상세) 상품코드 주문경로 물류업체	상품합계 할인 총 결제금액 부분취소금액	배송비 택배사 송장번호
									(묶음배송)
□	1	NSA00827-83780306 · 주문일 2020-08-27 14:45 · 입금일 2020-08-27 14:45		[50884]	타트체 리 개 인결제 창 / 4 개		타트체리 개인 결제창 / 4 개 상품코드: 주문경로: INSTAGRAM 물류업체:	59,600 원 59,600 원	무료배송 송장번호 등록

송장 번호 입력 후 바로 배송조회가 가능하다.

다음은 배송조회 화면이다.

14
정산 및 세금

판매 정산은 업체와 맺은 계약 조건에 따라 진행하면 된다. 예를 들면 스룩페이 등 전자 결제 서비스를 이용해서 신용카드로 판매하는 경우 3.4%의 수수료를 제외하고 정산 일은 영업일 기준 5일(휴대전화 소액 결제는 별도) 후 정산받는다.

정산 내역에 대한 사항은 "Part 02-11 결제페이지 만들기" 단원을 참조한다.

정산받은 금액은 나의 사업 소득이 되기 때문에 세금을 납부해야 된다.

사업 소득이 발생하면 소득세와 부가가치세를 납부해야 된다. 단, 사업자의 유형, 매출 규모, 업종에 따라 소득세는 달라진다.

여기서는 소득세와 부가가치세에 대해 간략하게 알아보자.

❶ 소득세 이해와 신고하기

모든 사업자가 매년 1월 1일부터 12월 31일까지 얻은 소득에 대하여 다음 해 5월 1일부터 5월 31일까지 사업장 주소지 관할세무서에 신고 · 납부해야 한다.

종합소득세 신고 시 수입금액(매출액)은 부가세 신고한 매출액의 합계에 기타금액(신용카드 발행 세액 공제 등 혜택을 본 금액)을 더한 금액이 된다.

비용(경비)은 부가가치세 신고 때 반영하였던 매입 항목에 추가적인 기타 경비(간이영수증을 교부받은 경비 등)를 합산하여 신고하게 된다. 실제 비용을 인정받으려면 반드시 장부를 작성하여 이를 입증해야 한다.

※ 사업자가 사업 소득 이외에 일정한 금융소득이나 기타소득, 근로소득 등 추가적인 다른 소득이 있다면 합산하여 신고해야 한다. 인스타마켓 운영자 중 상당수는 직장에 다니면서 투잡 형식으로 운영하는 사람이 많다. 이런 경우 자신이 받는 급여와 인스타마켓을 통해서 발생한 매출액을 합산하여 소득세 신고를 해야 한다. 이런 의미에서 소득세를 종합소득세라고 한다.

❷ 부가가치세 이해와 신고 · 납부하기

부가가치세 신고는 소득세 신고의 출발점이다. 일반과세자는 매년 7월과 1월에, 간이과세자는 매년 1월에 신고 및 납부를 해야 한다. 부가가치세는 소득세 과세대상이 되는 매출액을 확정시키고, 세금계산서, 계산서, 현금영수증, 신용카드 영수증을 발급받은 매입을 공제하여 신고 및 납부하는 것이다.

인스타마켓 운영자들은 사업 초기에는 매출이 미비하여 간이관세자로 시작하게 되는데, 간이과세자의 세금 이야기를 해보자.

매출(내가 인스타마켓을 통해 판매한 금액(신용카드 매출액 등 매출 신고한 전체 금액 기준)이 4,800만 원 미만이면 '간이과세자'에 해당하여 부가가치세 납세 부담이 크게 줄어든다. 간이과세자는 매출액의 10%가 부가세 납부세액이 아니라, 매출액의 10%에 부가가치율(업종별로 3~5%)을 곱한 금액만큼만 납부세액이 된다.

예를 들어, 간이과세자인 내 인스타마켓에서 의류를 공동구매로 10,000원에 팔았다면 납부세액은 10,000×10%×10%(소매업 부가가치율)=100원이 된다.

또한, 인스타마켓을 통해서 판매한 매출액이 연간 2,400만 원 미만이면 부가가치세 신고는 해도 세금은 면제, 즉 부가가치세 납부 의무가 아니라 면제이다.

이번에는 일반과세자에 대해서 알아보자.

매출이 4,800만 원이 넘어가면 자동으로 일반과세자로 전환이 되는데 그때부터는 매출(내가 판매한 금액) 1,000원에 대한 세금 100원(10%)이 납부세액이 된다.

어떤 상품을 인스타마켓의 공동구매로 팔로워에게 신용카드로 10,000원에 팔았다면 1,000원 부가가치세 세금을 공제(PG사 수수료 등은 불포함)하며 9,000원이 실제 소득이 된다. 만약 10,000원을 남기고 싶으면 11,000원에 팔아야 한다.

그리고 매출(내가 판매한 금액) 10,000원에 대한 1,000원을 납부할 때 매입(거래처에서 구입한 물건값) 5,000원에 대한 세금 500원(10%)을 공제하고 500원만 세금을 납부하는 것이다. 그래서 매출이 어느 정도 올라가면 세금을 내야하기 때문에 10%가 추가된 금액으로 판매하고 또한 물건을 매입할 때 세금계산서도 끊어야 한다.

매입했다는 증빙을 남겨야 나중에 환급(매출 부가세−매입 부가세=내가 납부할 부가세)을 받을 수 있다. 만약 세금계산서를 받지 않으면 매입 금액이 없으므로 그만큼 세금을 더 지불해야 한다.

TIP 자택을 사업장으로 사용하면 사업자등록과 세금은 어떻게 되나요?

인스타마켓으로 창업하는 분 중에는 사무실이 필요하지 않거나 사업 초기 사무실을 오픈하기가 부담스러운 경우 등 여러 가지 이유로 사는 집을 사업장으로 이용하는 경우가 많다.

이런 경우, 사업자등록신청서 작성 시 사는 집을 사업장으로 표기하게 된다. 월세로 임대하는 때도 사업장으로 사용할 수 있으며 주민등록상 주소지와 현 거주지가 같으면 집주인과 별도의 임대차 계약서를 작성하지 않아도 된다. 그래서 사업자등록은 주민등록상 주소로 해놓고 실제 사업은 다른 곳에서 하는 경우도 많다. 다만, 집을 사업장으로 사용하는 경우 사업과 관련된 경비와 가사에 관련된 경비를 구분하기 어려우므로 각종 사업 연관 경비를 세무 증빙서류로 제출할 때 제약을 받을 수 있다.

15
CS 및 고객 관리하기

고객은 인스타그램의 피드를 보고 관심을 가지면 궁금한 사항에 대해서 문의를 한다. 이때 고객이 문의하는 방법은 댓글, DM, 다른 채널로 문의하는 방법 등이 있다.

❶ 댓글로 고객 관리하기

댓글은 팔로워들이나 해시태그로 유입된 사람이 가장 편하게 사용하는 방법이다. 각 게시물의 댓글을 직접 확인하거나 새로운 댓글은 활동 카테고리에서 알람을 받을 수 있지만, 계정이 성장하고 팔로워 수가 늘어남에 따라 댓글 알람을 빠뜨릴 수 있다.(활동 카테고리에서는 좋아요, 댓글, 팔로워 유입이 모두 표기되기 때문에 수시로 확인하지 않으면 밀려서 보이지 않는다).

문의 댓글에는 간단한 답변은 바로 하되 계속해서 댓글이 남겨지는 경우는 누락 가능성 때문에 "디엠드릴께요.", "카카오톡으로 문의주세요." 등 문의 장소를 변경해주는 것이 좋다.

댓글 등이 많아서 누락이 잦아진다면 프로필 링크에 안내를 해서 댓글 남긴 사람이 오해하지 않도록 배려해주는 것도 방법이다. 또한 인스타마켓, 쇼핑몰, 앱 등 운영하는 채널이 많을 경우 상품 문의나 기타 문의 등을 일원화시킬 필요도 있다. 운영하는 채널이 많아지면 고객 응대하는 것이 비효율적이기 때문이다.

다음은 더 에르고 인스타그램 메인화면이다. 배송안내, DM안내, 교환/반품안내 등 고객 응대가 많은 문의 사항 등은 인스타그램의 하이라이트로 만들어 배치시켰다. 이로 인해 업무 효율성과 함께 고객 만족도 또한 높아진다.

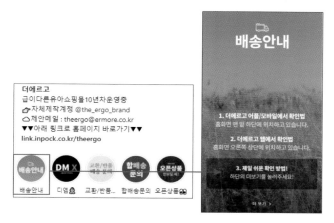

다음은 산타맘 인스타마켓의 게시물에 올라온 문의글과 필자가 직접 답변 댓글을 남긴 사례이다.

❷ DM으로 고객 관리하기

개인적으로 메시지를 주고받을 수 있는 채팅 공간이기 때문에 고객과 좀 더 긴밀한 관계를 형성할 수 있다. 또한, DM의 경우는 링크를 전달할 수 있으므로 구매를 원하는 고객에게는 결제 링크를 바로 전달할 수도 있다.

다음은 필자의 인스타그램 계정의 팔로워가 DM으로 문의한 사례이다.

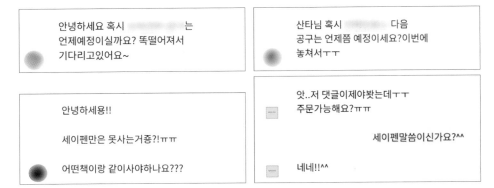

❸ 카카오플러스로 고객 관리하기

쪽지나 디엠의 경우는 내용을 저장하거나 기록하고자 하면 다른 기록 서식을 사용해야 하는데 카카오플러스의 경우는 고객 채팅창에 간단한 기록을 할 수 있고, 채널 추가해놓은 사람에게 공지를 보낼 수 있으므로 편리하다. 단, 카카오플러스의 경우는 고객이 찾아 들어와야 하는 번거로움이 있다.

다음은 카카오플러스 문의 내용 사례이다.

각 문의 창별로 중요 표시를 하여 점검하거나 간단한 메모를 할 수 있고 대화 내용을 백업하여 문서로 저장할 수도 있다.

댓글, DM, 카카오플러스 외에도 홈페이지, 블로그, 개인 카카오톡 아이디를 공지하고 문의를 받는 등 문의 채널은 다양하게 운영할 수 있다. 하지만 문의 채널이 너무 많으면 고객 응대가 분산되어 누락될 가능성이 생기므로 채널은 1~2개 정도 선택해서 집중적으로 응대하는 것이 좋다. 또한, 지정된 문의 채널은 프로필 링크 BIO에 표기해 두면 고객의 혼선이 방지될 수 있다.

다음 그림1은 인스타그램 프로필에 문의 및 구매는 DM으로 요청하라는 안내 사례이고, 그림2는 DM 금지안내와 관련 문의는 각각 스토리 하이라이트로 표시해서 고객의 혼선을 방지하지할 수 있는 사례이다. 인스타마켓을 처음 시작할 때는 그림1처럼 진행해야 되겠지만 온라인 쇼핑몰 운영 등 규모가 커지면 그림2 더 에르고 사례처럼 고객 문의 채널에 대해 알기 쉽게 안내해야 업무 효율성을 높일 수 있다.

▲ 그림 1   ▲ 그림 2

'백토마켓' 김수현 대표 인터뷰

인스타그램 : @100xrabbitsl
쇼핑몰 : http://www.100xrabbit.com/
주요 판매 아이템 : 유아 미술 용품 / 과학 용품 / 교육 관련

Q1 '백토마켓'은 어떤 곳인가요?

백토마켓은 "엄마가 행복한, 아이가 행복한"을 모토로 운영하고 있으며, 간단하게 할 수 있는 엄마표 미술놀이 & 과학놀이를 소개하며, 관련된 제품을 함께 공동구매 및 육아하는 엄마들과 소통하는 곳이랍니다.

Q2 '백토마켓'을 시작하게 된 계기와 현재는 어떤 모습으로 발전되었나요?

백토마켓은 '백토'와 '마켓'의 합성어이며, 백토는 '백마리토끼'의 줄임말 입니다. 백마리토끼는 블로그 운영 초창기 때부터 사용한 닉네임입니다. 10년 가까이 직장생활을 하던 중 결혼 그리고 출산 이후에 달라진 제 위치가 너무 힘들게 느껴지는 순간이 있었어요. 엄마, 아내, 며느리, 김대리, 김팀장, 딸, 나 자신 등등 모두가 잘 해낸다는데, 저에게는 이 직책들이 왜 그리 어렵게 느껴졌는지 모르겠어요. 하나도 제대로 못 한다고 느끼는 그 순간, 제 자존감이 바닥을 치게 되더라고요. 그래서 마음을 먹었어요. 나는 할 수 있다!!! "두 마리 토끼를 잡다가 한 마리 토끼도 못 잡는다"라는 속담을 뒤집어 보기로 말이죠. 그래서 나는 "백 마리 토끼를 다 잡을 것이다."라고 마음을 먹게 되었습니다. 마음먹은 대로, 일이 풀린다고 생각해야 할까요? 워킹맘 시절 아이랑 함께할 수 있는 시간 은 하루에 단, 2~3시간, 이 소중한 시간을 짧고 굵게 활용하기 위해 시작한 게 바로 아이가 좋아하는 미술놀이였답니다. 미술놀이를 하다 보니, 워킹맘으로서 뒷정리도 쉽고 간단하게 할 수 있는 놀이를 찾게 되었어요. 마켓의 시작은 아이와 했던 놀이를 하나하나 인스타그램에 공유하고, 관련된 제품을 부업으로 판매를 시작하게 된 게 계기가 되었습니다. 2019년 12월부로 다니던 직장을 퇴사하고 현재는 백토마켓에 집중하고 있습니다.

Q3 '백토마켓'의 특징, 운영 방침 등은 무엇인가요?

인스타를 시작하시고 일정 시점이 지나면, 다양한 공동구매(이하, 공구) 제안을 받게 됩니다.

제 경우는 제안 온 공구는 거의 진행을 하지 않고 있습니다. 이미 많은 분들께서 진행을 하고 있는 제품보다는 정말 좋은데 아직 소개 되지 않은 제품을 알려드리고 싶은 마음이 크기 때문입니다.

사실 제가 공구하는 제품의 종류는 다른 인스타마켓에 비해 아주 적습니다. 현재까지 업체와 함께하는 공구는 5건 정도 됩니다. 모두 제가 사용해보고 너무 괜찮아서 직접 업체에 연락해서 진행 요청하였습니다.

공동구매를 처음 진행하시는 업체가 많았고, 공동구매에 대해서 잘 모르시는 업체도 많아서 직접 설명도 드리고 진행 방법을 안내하는 때도 있습니다. 앞으로도 가능하다면, 많이 알려지지 않았지만 정말 좋은 제품만 공동구매 방법으로 엄마 들에게 소개하고 싶습니다.

Q4 인스타마켓을 통한 상품 공동구매 관련 포스트(글)를 작성할 때 가장 중요하게 생각하는 부분은 무엇인가요?

'상세설명'과 '소통'이라고 생각합니다. 일부 공동구매를 진행하시는 분들을 보면 업체 상세페이지를 사진 촬영하고 결제 링크도 결제 사이트를 바로 연결해놓은 사례도 있습니다.

잘못된 방법은 아니지만, 제 경우에는 제가 직접 사용해보고 설명을 하기 위해서는 인스타그램 피드만으로는 부족하더라고요.

그래서 늘 제가 운영하는 블로그의 글로 제가 직접 사용한 후 기 그리고 추가 설명(개인 의견) 등을 포스팅 한 후에 업체 결제 사이트를 연결해드립니다. 물론 긴 글을 읽지 않으시고 문의하시는 때도 많지만 제가 직접 판매하는 제품에 대해서는, 알고 있는 모든 설명을 직접 글로 풀어써야지 마음이 편하더라고요.

Q5 '백토마켓' 인스타마켓을 운영하면서 가장 힘들었던 순간은 언제인가요?

직접 디자인하여 출시한 제품을 카피해서 그대로 판매하는 업체를 보고, 정말 심적으로 힘들었습니다. 아직도 현재 진행형이지만, 한 개인이 피땀을 흘려 만든 지적재산권에 대해서 보호받을 수 있는 시장이 되었으면 좋겠습니다.

많은 분들께서 응원을 해주셔서, 힘내고 있답니다.

Q6 인스타그램 공동구매 상품 공급은 어떤 방식으로 진행하시나요?

처음 시작은 사입(직접 수입) 그 다음 제작, 그리고 현재는 위탁판매 등 다양한 방법으로 진행합니다. 국내에 없는 제품은 직접 사입도 해보고, 사입을 했는데 제품의 퀄리티가 마음에 들지 않거나 보완하고 싶은 경우, 또는 새로운 디자인이 필요하다면 직접 제작도 합니다. 그 외에 판권을 가진 곳이 있다면 업체 본사에 연락하여 공동구매 진행을 요청해서 진행하고 있습니다.

Q7 인스타마켓 공동구매 진행 시 고객들의 상품 결제는 주로 어떤 방식을 이용하시나요?

백토마켓에서 직접 제작한 상품은 공식 홈페이지 및 네이버 스마트스토어로 판매합니다. 업체 공동구매 진행 시에는 블로그 페이, 스룩 페이 등을 사용하고, 결제방식은 카드, 무통장, 네이버페이, 카카오 페이 등 가능하면 모든 결제방법을 이용합니다.

Q8 고객 문의와 상담 및 교환, 반품 대처 방법은?

문의/상담은 인스타그램 DM 또는 카카오톡 오픈 채팅을 통해서 진행하고 있습니다. 가능하면 실시간으로 답변드리려고 노력 중이고, 저에게 업무 시간은 24시간이라고 생각합니다. 주 고객분들이 엄마들이 대부분이라, 육퇴 후 문의가 가장 많으시더라구요. 교환/반품은 가능하면 모두 처리해드리려고 하고 있습니다. 한두 건 처리한다고 손해 보는 게 아니라면, 고객 분이 만족하도록 처리해드리면 후에 잠재적인 고객이 될 수 있다는 마음으로, 불편하신 부분은 모두 고객 분께서 원하시는 방향으로 처리해드리고 있습니다. 만약 공동구매 건에 대한 부분이라면, 업체에서 처리할 수 없으면 사비를 들여서 처리해 드립니다. 인스타마켓을 운영하는 운영자 중 상당 수분들이 이 부분이 가장 어렵고 힘들다고 하시던데, 저는 이 부분이 가장 중요하다고 생각합니다. 제가 좋다고 판단해서 진행한 제품이지만, 일부 고객들에게는 마음에 안들 수도 있고, 제가 설명해드린 상세페이지가 잘못 되었을 수 있기 때문입니다.

Q9 인스타마켓 운영 시 주의해야 할 사항은?

인플루언서, 저는 제가 인플루언서라고 생각한 적이 없지만, 주위에서 그렇게 말씀해 주시더라고요. 이 단어가 보기 좋게 보일 수 있지만, 저는 아직은 많이 부족하다고 생각합니다. 그만큼 많은 분이 보고 계시니, 사진 한 장, 단어 하나하나 모두 주의를 해야 한다고 생각하구요, 제 인스타그램을 보시는 모든 분이 저를 좋아하지는 않으시겠지만, 제가 올린 사진, 단어 등등으로 인해 기분이 언짢아지는 경우는 없도록, 개인적인 감정은 가능하면 올리지 않으려 고 노력하고 있습니다.

Q10 인스타마켓을 준비하려는 독자에게 들려주고 싶은 이야기가 있다면?

제 주위에 인스타마켓 진행 방법에 대해서 문의하시는 분들이 많으신데, 당연한 말이지만 저는 "인스타그램 = 소통"이라고 생각합니다. 처음 시작 시, 인스타그램 팔로워를 구매 후 시작하라는 얘기를 많이 들었는데, 저 같은 경우는 제가 관심 있는 제품에 정말 관심이 있는 분들이 팔로워하면 좋겠는데, 알지도 못하는 유령계정이 있는 게 싫더라고요. 그래서 직접 저와 관심사가 같은 분들을 찾아다녀 소통하기 시작했습니다.

직장을 다닐 때라 늘 소통할 시간이 부족했는데 아이 재우고 새 벽 12시부터 팔로워 분들에게 다니며 피드 구경 및 '댓글', '좋아요'를 직접 누르며 엄마들을 알아가기 시작했습니다. 지금은 실제로도 친한 분들도 많이 생겼고, 누구 엄마라고 호칭하며, SNS상이지만 이웃처럼 걱정해주며 소통하는 사이가 되었답니다. 단지 물건을 팔기 위한 게 아닌, 직접 소통하며 지내는 게 가장 중요하다고 생각합니다.

Q11 앞으로 계획이 있다면?

앞으로 백토마켓은 "엄마표미술 = 백토마켓"으로 떠올리실 수 있도록 브랜딩을 해나 갈 예정입니다. 새로 제작하는 제품들도 계획되어 있고요, 아직은 부족한 부분이 많아서 계속 관련 분야를 공부하는 중입니다. 혼자 걸어가기 쉽지 않은 길이지만, 저도 제가 걸어온 길을 많은 분께 공유도 해드리고 싶어요.

많은 분들께서 앞으로 인스타마켓을 잘 꾸려갈 수 있도록 응원하겠습니다.

긴 글 읽어주셔서 감사드립니다.

03

인스타그램 실무노하우 테크닉도 필요하지만 가장 중요한 것은 '진심'이다.

매출 10배 올리는
노하우 대방출

01
팔로워 늘리고 관리하는 6가지 방법

팔로워 수가 많으면 뭐가 좋을까?

게시글을 올리면 팔로워들의 홈에 노출되기 때문에 팔로워 수가 많을수록 게시물의 영향력이 높아진다. 즉, 인스타그램에 게시글을 업로드하면 그림1은 2명의 팔로워의 홈에 노출된다. 반면 그림2는 2만 5천명의 팔로워의 홈에 노출된다.

| **13**
게시물 | **2**
팔로워 | **213**
팔로잉 | **1,065**
게시물 | **2.5만**
팔로워 | **842**
팔로잉 |

▲ 그림1   ▲ 그림2

팔로워들이 같은 관심사로 모여있다면 구매전환으로 이어지기 쉽다.

팔로워 수가 많고 댓글이 많은 계정은 그렇지 않은 계정보다 신뢰가 더 갈 수 있고 참여하기도 쉬워지는 심리가 작용한다.

본격적으로 팔로워 수를 늘리는 방법에 대해 알아보자.

가장 **빠르게** 팔로워 수를 늘리는 방법에는 금전을 지급하고 팔로워를 구매하는 방법이다. 검색창에 "팔로워 늘리는 법"이라고 검색하면 일정 금액을 지급하고 수분 내에 몇만 명의 팔로워 수를 늘려주는 사이트들이 많다.

팔로워를 구매하면 유령 계정이 순식간에 내 계정에 유입되어 단순히 숫자는 증가한다. 하지만 내 계정의 발전을 위해서는 절대 구매해서는 안 된다.

이러한 유령 계정들은 내 게시물을 읽어주거나 조회, 댓글을 남기는 계정들이 아니라, 말 그대로 숫자만 채워주는 계정이다. 그래서 팔로워 수가 허수로 채워지면 내 게시물의 반응도가 현저히 떨어지기 때문에 오히려 노출량이 떨어질 수 있고, 인스타그램이 주기적으로 활동 없는 유령 계정들을 삭제하기에 갑자기 팔로워 수가 훅 떨어져서 그 수를 유지하려면 주기적으로 구매를 해야 한다.

그래서 팔로워 '숫자' 자체가 높은 것보다는 잠재고객이 되고 나의 게시물에 공감하고 좋아요, 댓글, 영상조회 등의 반응을 높여주는 진성 팔로워들을 모아나가야만 한다.

팔로워 수가 많은 계정은 그렇지 못한 계정보다 팔로워를 누르기 쉬워지는 심리가 있고, 팔로워 수가 많으면 수익화 기회가 생기기 때문에(협찬 등) 구매를 통한 허수로 채워진 계정을 상당히 많이 찾아볼 수 있다.

이럴 때 구매한 계정인지 아닌지 확인하는 방법이 있다.

프로필에 팔로워를 클릭하면 상대 계정의 팔로워 리스트가 보인다. 비정상적으로 외국인 계정이 많거나 그 계정들이 게시물이 없고 팔로잉 수만 과도하게 많은 계정이 나열되어 있다면 구매했을 가능성이 크다. 또한, 팔로워 수에 비해 게시물의 좋아요 수나 댓글 수가 매우 낮은 경우가 의심해 볼만하다. 팔로워가 10만명인데 좋아요 개수가 10개, 20개, 댓글 없음은   뭔가 좀 이상하지 않은가?

오른쪽 그림은 팔로워 구매를 통해 유령 계정으로 팔로워를 늘린 사례이다.

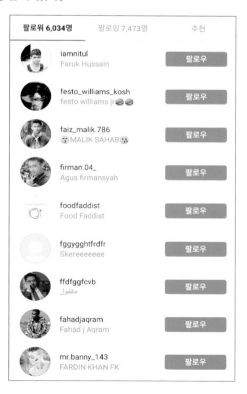

다음은 유령 계정으로 추정되는 계정 사례이다. 팔로워 수는 13인 반면 팔로잉 수는 526이다.

인스타그램의 알고리즘이 판단하는 좋은 게시물은 이렇게 수치화된다.

$$반응도 = \frac{(좋아요 + 댓글수 + 조회수 + 저장수)}{(팔로워수 + 업로드시간)}$$

반응도가 높을수록 더 많은 사람에게 게시글이 노출된다. 검색 탭이나 해시태그를 검색해서 인기게시물에 등재된 게시물이 이처럼 반응도가 높은 게시물이다. 많은 사람에게 노출되면 팔로워 수도 자연스럽게 늘어나는 것이다.

그런데 좋아요 수나 댓글 수는 같은데 내가 돈을 주고 팔로워 수를 구입한다면 어떻게 될까?

당연히 반응도는 떨어져서 오히려 평소보다 더 적은 사람들에게 게시글이 노출될 수밖에 없다.

내 게시물이 누군가에게 보이고 반응을 끌어내야만 팔로워가 아닌 다른 사람에게도 노출되어 자연스럽게 팔로워가 늘어가는 것이기 때문에 허수로 팔로워 수를 늘려가서는 안될 것이다.

그렇다면 지금부터는 현명하게 팔로워를 늘리는 방법에 대해 하나씩 알아보자.

첫째, 유령 계정이나 스팸성 계정을 삭제한다.

반응도 공식에 의해 내 계정을 실제로 보지 않고, 좋아요나 댓글을 남길 수 없는 스팸성 계정은 삭제해야 반응도가 높아져 더 많은 사람에게 노출될 수 있다. 꼭 돈을 주고 구매하지 않더라도 활동을 오래 하다 보면 미처 정리하지 못한 스팸성 계정들이 곳곳에 있을 것이다. 이러한 계정들은 삭제하는 것이 좋다. 장기간 글을 보지 않거나 방문하지 않는 사람 등은 정리하는 것이 좋다.

팔로잉의 카테고리를 확인해보면 나와 교류가 가장 적은 49명, 피드에 가장 많이 표시된 계정 49명을 확인할 수 있다. 이때 교류가 가장 적은 계정을 방문하여 나를 팔로워 하지 않는 계정은 아닌지, 오랫동안 사용하지 않는 계정은 아닌지 확인 후 필요에 따라 정리하도록 하자.

둘째, 먼저 다가가서 소통하라.

팔로워 수가 1,000명이 되지 않은 계정은 같은 관심사를 가지고 있는 다른 계정을 먼저 찾아가서 진성 팔로워 1,000명이 될 때까지 적극적으로 선팔, 맞팔 작업을 하는 것이 좋다.

즉, 소통할 대상을 찾고 그들이 자주 쓰는 해시태그를 쓴 계정에 찾아가서 댓글을 남기고 먼저 팔로워 신청을 해보자.

진심을 담은 댓글은 맞팔 받을 확률이 더 높아진다. 이때 팔로워를 신청할 상대는 위에서 설명한 유령 계정으로 채워진 계정은 피하고, 평소 좋아요나 댓글 활동을 활발하게 하는 계정과 소통하는 것이 좋다.

이 작업을 계속해 나간다면 팔로잉과 팔로워 숫자가 동시에 올라갈 것이다.

하루에 일정량을 선팔하겠다는 생각으로 맞팔 100%에 도전해보자. 하루 30명 도전하여서 한 달이면 1,000명 가까운 팔로워 수를 늘릴 수 있다. 팔로잉은 7,500명까지만 가능하도록 인스타그램에서 제한하는데 팔로잉 수가 1,000명을 넘어가게 되면 팔로워 관리가 어려워지므로 자신이 관리할 수 있는 인원까지만 팔로잉을 늘려나간다. (보통 1,000명 이하를 추천한다) 이때 맞팔 성공률을 높이기 위해서는 같은 관심사의 유익한 게시물이 많은 경우 확률이 높아질 수 있음을 명심하자.

> **TIP** 업체 이용 시 주의해야 할 사항
>
> 하루에 일정량을 선팔하는 것은 시간과 노력이 필요한 작업이므로 일정 금액을 지불하고 로봇이 대행해주는 업체도 있다. 이때 주의해야 할 것은 계정의 비밀번호를 업체에 공유해야 하므로 위험부담이 있을 수 있어 추천하지 않는다. 로봇이 자동으로 남겨주는 "선팔합니다. 맞팔해요", "피드가 예뻐서 선팔합니다." 등등 사진과 내용에 상관없는 글로 지정해야 하므로 맞팔 확률이 떨어질 수 있다.

하루 선팔 작업을 했다면 다음날은 맞팔하지 않은 계정을 삭제하도록 하자. 나를 언팔하거나 맞팔해주지 않은 계정을 찾는 방법으로 어플을 사용할 수 있는데 어플은 인스타그램 상에서 에러가 자주 야기 되므로 추천하지 않는다. 내가 팔로워 하는 사람 계정의 팔로잉에 나의 프로필이 가장 윗줄에 있는지 확인해보자. 그렇지 않다면 그 계정은 나를 팔로워 하고 있지 않은 상태이므로 팬으로서 활동하고 싶은 계정이 아니라면 팔로워를 끊는 것이 좋다.

다음은 타 계정의 팔로잉에 내 프로필이 첫 줄에 있으면 나를 팔로워 하는 사례이다.

다음은 타 계정의 팔로잉에 내 프로필이 첫 줄에 없으면 나를 팔로워 하고 있지 않은 사례이다.

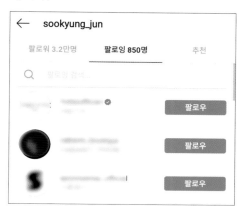

셋째, 다시 보고 싶은 게시물을 올려라.

이러한 선팔, 맞팔 작업으로 팔로워 수가 1,000명이 넘었다면 이제는 선팔, 맞팔에 집중하지 않고 내 콘텐츠에 집중할 때이다. 인스타그램의 알고리즘을 정확히 이해하지 않으면 무조건 좋아요 수가 많아야 한다고 생각한다. 하지만 그렇지 않은 예도 있다.

다음 두 인사이트를 살펴보자. 이 두 인사이트는 실제로 내가 비슷한 시기에 올릴 두 게시물이다. A의 경우는 좋아요 수 561개, B의 경우는 좋아요 수가 227개뿐이다. 좋아요 수만 보면 A가 더 좋은 게시물이라고 판단될 수 있으나 팔로워 수는 전혀 증가하지 않았다. 반면 B의 경우 좋아요 수는 반밖에 되지 않지만 팔로워 수는 11명이 증가했다. 대신 저장 수가 월등히 높다.

즉, 이 게시물을 저장하고 다음 게시물이 기대될 때 다른 사람은 팔로워를 누르게 된다.

▲ 그림 A   ▲ 그림 B

그렇다면 어떤 게시물을 좋아하고 기대하게 될까?

- 예쁘거나 귀엽거나 시각적으로 자극이 되는 게시물이다.

운영자가 예쁘고 섹시하고 멋질 때, 강아지나 그린 그림이 귀엽고 매력적일 때, 영상미가 뛰어나거나 명품이나 예쁜 인테리어 등을 볼 때 사람들은 반응하고 기대하게 된다.

- 정보성 게시물이다.

예를 들어, 요리팁, 화장팁, 사진찍는 법, 여행장소추천, 생활꿀팁 등이다. 이런 경우 따라하기 위해 저장하였다가 다시 보기도 하고 영상물이면 돌려보기를 할 수도 있다. 좋아요, 댓글, 저장뿐 아니라 게시물에 얼마나 오래 머물렀는지도 하나의 반응에 들어가기 때문에 카드뉴스 형태의 사진 모음이나, 동영상 등을 활용해 볼 수 있다.

- 감성을 자극하는 게시물이다.

아주 멋진 자연경관을 사진에 연출한다던가 마음을 울리는 감성 글귀, 재미있는 영상 등은 사람들의 마음을 움직이기 때문에 한 번 더 관심을 가질 수 있도록 해준다.

앞의 세 가지 사항을 기억해서 어떤 게시글이 좋아요가 많은지, 댓글이 많은지, 저장이 많은지, 팔로워 수가 늘었는지를 확인해서 반응이 좋았던 게시물들을 꾸준히 올려보자.

넷째. 일관성이 있어야 한다.

팔로워로 유입되기까지 단계가 있는데 일반적으로 게시물보기 -> 프로필 유입 -> 최근 피드 사진들 훑어보기 -> 몇 가지의 게시물 확인 -> 팔로워 버튼을 누르게 된다.

마지막 팔로워 버튼을 누르기까지 지난 게시물들을 훑어보게 되는 과정에서 마음에 들었던 게시물과 유사한 게시물이 많이 있다면 팔로워를 누르게 되고 다음 게시물을 기대하게 되겠지만, 전혀 다른 내용만 잔뜩 있다면 팔로워를 누르기는 어렵다.

예를 들어보자. 우연히 검색 탭이나 해시태그를 통해 아주 귀여운 아기 영상을 보고 프로필에 방문했다. 그런데 어쩌다 한번 올린 조카의 영상이었을 뿐 아기에 관련된 내용은 없다면? 과연 그 계정을 팔로워 했을까? 이 부분은 여러분이 더 잘 알 수 있는 부분일 것이다.

그러니 프로필 설정에서도 해보았듯 타겟을 설정하였다면 타겟의 취향과 관심사를 기반으로한 게시물로 피드를 채우는 것이 좋다.

다섯째. 팔로워를 공유하는 방법이다.

인스타그램이나 유튜브의 인플루언서 사이에서 가장 많이 사용하는 방법이다. 예를 들면 타 계정의 제품을 홍보해 준다든지 피드 글에 타인을 계속 언급해준다든지 합동 라이브 방송이나 협업하는 등이다.

이때는 내 팔로워들에게 B를 소개하고, B 또한 나를 소개하는데 이때 나의 팔로워가 B를, B의 팔로워가 내 팔로워가 될 수도 있다. 이 방법은 유명 인플루언서들이 가장 많이 사용하는 방법이지만, 유명 계정이 아니더라도 충분히 활용해볼 법하다.

이는 같은 관심 주제를 가진 계정과 함께했을 때 그 효과는 극대화된다.

다음은 인스트그램 합동 라방 이후 팔로워 유입 댓글 사례이다.

여섯째, 꾸준히 게시물을 업로드 하라.

인스타그램에서는 꾸준히 활동하는 계정을 더 많이 노출시켜 주기 때문에 자주 업로드 해야 많은 사람들에게 노출이 된다. 또한 프로필에 방문한 계정의 최신 글이 한 달 전, 두 달 전 게시글이라면 다음 게시물이 올라오는데 상당한 시간이 걸릴 것이라고 예상하기 때문에 팔로워가 증가하기 어렵다.

비슷한 관심사를 가진 사람들에게 인스타 광고를 활용하여 노출하는 방법이나, 현명한 태그 적용으로 게시물을 최적화시키기, 술술 읽어지는 글쓰기, 매력적인 사진찍기 또한 팔로워 늘리기에 큰 역할을 하게 되니 다음 단원을 참조한다.

02
현명한 태그 적용으로 게시물을 최적화시키기

태그란 장소명, 사람, 위치, 결제페이지, 검색어 등을 지정해주면서 검색으로 유입시킬 수 있거나 강조의 역할을 할 수 있다. 이는 공개 계정일 경우에만 검색하는 누구에게나 노출될 수 있다. 태그를 적극적으로 활용하면 반응률을 높여 노출을 높일 수 있으므로 적극적으로 활용하는 것이 좋다.

태그의 종류는 해시태그, 위치태그, 사람태그, 쇼핑태그 등 다양하며 각각의 특징에 대해서 알아보자.

▲ 사람태그, 위치태그, 해시태그   ▲ 쇼핑태그

❶ 사람태그

　게시물을 올릴 때 '사람 태그하기'를 클릭한 후 해당 사진을 누르면 "누구인가요?"라고 표시되고 상단의 사용자 검색란에 함께 찍은 사람이나 사용한 브랜드 계정, 이 게시물을 알리고 싶은 계정을 검색해서 소환할 수 있다. 여기서는 '산타맘'을 검색 후 '산타맘 스터디' 계정을 선택했다고 가정해보자.

1 새 게시물 문구 입력란에 '#산타맘수학교실'을 입력하고, '사람 태그하기'를 누른다.

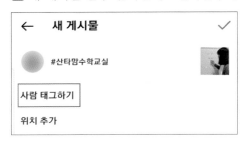

2 "누구인가요?" 아이콘이 나타나면 드래그하여 원하는 지점으로 위치를 변경할 수 있다. 상단 검색 창에 '산타맘'을 검색한 후 '산타맘 스터디'를 선택한다.

❸ '사람 태그하기' 완성 버튼을 누르면 다음과 같이 사람태그 아이콘과 표식이 만들어진 다. 이때 생긴 표식(사람 아이콘)은 보는 사람으로 하여금 클릭을 유도하여 게시글의 반응 도를 높일 수 있다.

❹ 다음과 같이 게시물이 업로드된다. 만약 A계정을 태그하면 A계정 홈에 게시물이 보 여지게 되어 A의 팔로워들에게도 나의 게시 물이 노출될 수 있다.

댓글이나 본문 글에도 태그를 할 수 있다. 이때 다음 예와 같이 "@+계정명"을 남기면 그에게 알람이 가기 때문에 다시 내 게시물에 와서 반응할 수 있다.

예 @santamom_insta

❷ 위치태그

사진을 찍은 위치를 태그할 수 있다. 지정된 음식점, 대한민국, 특정 지역이 아니더라도 아파트 단지 안, 집구석 어딘가 등 센스있는 장소도 얼마든지 가능하다. 장소를 검색하는 사람들에게 노출될 수도 있고 센스있는 위치는 반응을 끌어낼 수도 있다. 없는 위치는 facebook에서 추가할 수 있다.

위치 추가를 누른 후 지역 또는 장소를 검색해서 설정한다. 여기서는 경상남도 양산을 지정했다. 완료 버튼을 눌러 게시글을 업로드한다.

❸ 해시태그

해시태그는 "#+검색어"를 사용해서 검색어를 사용한 유입을 유도하거나 글자의 강조나 유머를 표현하기 위한 것이다. 한 게시물당 30개를 설정할 수 있는데 30개가 넘으면 에러 메시지가 뜨거나 다시 써야 한다.

본문에 해시태그를 사용할 수 있고, 댓글이나 대댓글에도 적을 수 있다. 또한, 스토리에도 해시태그는 10개까지 설정할 수 있다. 해시태그를 사용할 때는 복사하기 + 붙여넣기식의 반복된 해시태그를 사용하면 쉐도우벤(인스타그램이 스팸성 활동으로 간주하여 내 게시물이 팔로워 외에 다른 계정에는 보이지 않도록 차단하는 것)에 걸릴 수 있으니 주의하자.

다음은 본문에 강조와 유머를 위해 사용한 해시태그 사례이다.

santamom_insta 치키치카 양치하기🤍
이젠 제법 혼자하는 시늉도 잘해요

#신학기준비물 #네임칫솔 오늘까지 마감할께요
주문제작이라 얼른 주문넣겨야 늦어지지 않거든요

집에서도 쓰고 얼집, 유치원 보낼거까지 생각하면 아주
가성비꿀템일 거에요👍👍

#회장님포스😎

다음은 댓글에 사용한 해시태그이다.

 santamom_insta @santamom_insta
#산타맘#밀양아이와가볼만한곳#밀양가
볼만한곳#아이와가볼만한곳👍#아이와
가기좋은곳#여름휴가#남매맘#비글남매
맘#육아#육아맘#육아일상일기✏️

게시물의 사진이나 내용과 연관성 있는 해시태그를 쓰는 것이 가장 중요하다. 관련 없는 해시태그를 사용하면 내 게시물에 유입될 가능성도 적을 뿐 아니라 관심사가 다른 계정이 유입되어 게시글의 반응도가 하락할 가능성이 커진다.

• 절대 쓰지 말아야 하는 해시태그

불특정 다수가 사용하는 해시태그는 쓰지 않길 바란다. 이런 해시태그로 팔로워 수를 늘렸다 해도 관심사가 같지 않을 경우가 더 많다. 육아맘인 내가 이 해시태그를 써서 10대 고등학생과 서로 팔로워를 맺어도 관련 카테고리가 전혀 다른 두 사람은 서로의 피드에 소통할 수도 구매전환으로 이어질 수도 없다.

#선팔 #맞팔 #선팔후맞팔 #선팔하면맞팔 #선팔맞팔 #선팔환영 #좋아요반사 #좋반 #좋아요테러 #좋아요그램 등

• 해시태그 찾기

계정의 크기나 팔로워 수가 모두 다르므로 타인의 계정에서 사용하는 해시태그를 그대로 복사하기 해서 사용하는 것은 효과적이지 않다.

또한, 조회수가 많은 키워드라도 고객의 요구가 없다면 구매로 이어지지 않으며, 단순히 정보를 얻기 위해 검색할 경우가 많다. 예를 들어 화장품과 화장품추천 해시태그 중 화장품이라는 해시태그가 사용량은 많지만, 오히려 화장품추천, 화장품정리법, 화장품체험단 등 검색자의 의도가 명확한 해시태그가 팔로워 유입이나 반응도가 높이질 수 있는 해시태그다.

네이버 데이터랩을 이용하면 최근 고객들에게 이슈가 되고 있는 트렌드가 무엇인지 그날의 트렌드를 파악할 수 있다. 네이버 데이터랩이란 검색어 데이터를 기반으로 분야별, 지역별, 타깃별 인기 키워드와 검색량 변화를 확인할 수 있다.

1 네이버 데이터랩(http://datalab.naver.com/)에 접속한다. [검색어로 알아보는 대한민국] 메뉴를 클릭한 후 [쇼핑] 탭을 클릭한다. 분야별과 타깃별 그날의 인기 키워드를 확인할 수 있다. '쇼핑' 탭은 인스타마켓 운영자가 쇼핑에 관심있는 사람들의 시기별 관심 키워드 동향을 파악할 수 있어 유용하게 활용할 수 있다.

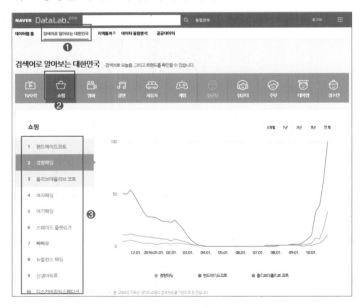

2 [지역통계] 메뉴를 클릭하면 업종별 검색 사용자 수 및 지역별 관심도를 파악할 수 있다. 또한, 카드 사용 통계 자료도 파악할 수 있다. 지역별 타깃이 중요한 인스타마켓 운영자의 경우 업종별로 어떤 키워드의 검색이 어떤 지역에서 많이 일어나고 있는지, 지역별 인기 업종이 무엇인지 파악할 수 있고, 카드 결제 데이터 기준으로 지역별, 업종별, 연령별, 성별 카드 사용내역 정보를 파악할 수 있다.

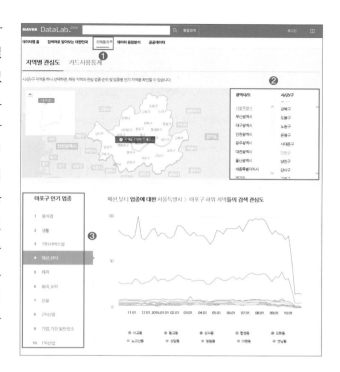

3 [데이터융합분석] 메뉴를 클릭한 후 궁금한 주제어를 입력하고 조회하면 해당 주제어에 대한 검색어 트렌드를 분석할 수 있다. 대상과 조사 기간을 선정한 후 주제어를 그룹별, 단어별로 조회할 수 있다. 주제어 1, 2, 3 입력 상자에 '리본블라우스', '벌룬블라우스', '레이스블라우스' 주제어를 입력하고 [조회하기] 버튼을 클릭하면 월별 주제어의 검색 트렌드 결과 그래프가 표시된다.

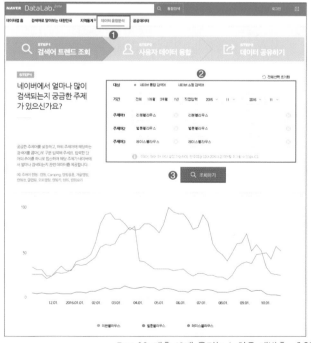

4 대상란에서 '네이버 쇼핑 검색어' 라디오 버튼을 클릭하고 검색하면 네이버 쇼핑 (http://shopping2.naver.com) 이용자 대상의 검색어 트렌드를 분석할 수 있다.

▲ 네이버 쇼핑

※ 네이버 쇼핑 검색어는 구매 의사를 가지고 방문하기 때문에 네이버 통합 검색어보다 구매전환율이 높은 검색어를 분석할 수 있다. 네이버 쇼핑 검색어는 인스타마켓 운영자라면 콘텐츠 키워드 선정 시 이용하면 매우 효과적이다.

또 다른 해시태그 찾는 방법으로는 네이버 광고관리 시스템이다. 내 제품에 최적화된 검색어를 수집할 수 있다. 인스타그램 해시태그와 다소 차이가 있을 수 있지만, 충분히 참고해볼 만하다.

1 네이버 광고 사이트(http://searchad.naver.com/)에 접속한다. 네이버 광고 사이트는 광고주로 가입해야 접속할 수 있다. 만약 가입하지 않은 상태라면 [광고주 신규가입] 버튼을 클릭하여 가입한다.

※ 네이버 ID가 있어도 광고 계정 가입은 별도로 해야 하며, 가입 시 기입한 메일로 로그인 후 승인을 거쳐야 최종 가입이 완료된다. 사업자, 개인 모두 가능하며, 사업자면 사업자등록번호가 필요하고, 개인이면 본인 인증을 거쳐야 한다.

② [광고시스템] 버튼을 누른 후 [도구]–[키워드 도구] 메뉴를 클릭한다.

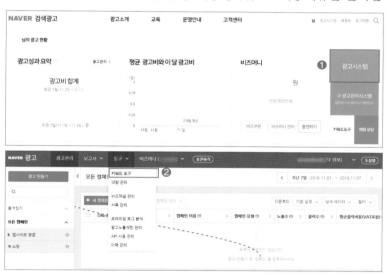

③ 검색하고 싶은 키워드를 입력하면 조회량을 확인할 수 있다. '블라우스'로 검색해보자. 키워드 입력 상자에 '블라우스'를 입력하고 [조회하기] 버튼을 클릭한다. '블라우스'의 월간 검색수(③)가 PC는 12,400, 모바일은 69,500이다. '블라우스'와 같은 조회량이 많은 키워드는 여러 인스타그램에서 기하급수적으로 콘텐츠를 만들어내기 때문에(④ 136만 개) 내 인스타마켓의 포스트를 상위에 노출하기 쉽지 않다. 이보다는 '블라우스'와 함께 자주 검색되는 연관검색어를 키워드로 사용하는 것이 바람직하다. 연관키워드 영역의 화살표 모

양(❺)을 클릭하면 키워드를 정렬해서 편하게 비교해 볼 수 있다. 여기서는 '❻ 쉬폰블라우스' 키워드를 클릭해보자.

❹ 연관키워드를 클릭하면 최근 추이, 사용자 통계 등을 확인할 수 있다. 시기, 연령, 성별 키워드 양의 차이가 발생하니 이 정보를 참고하여 타깃에 맞는 키워드를 선별하여 게시물을 작성하면 효과적인 결과를 얻을 수 있을 것이다.

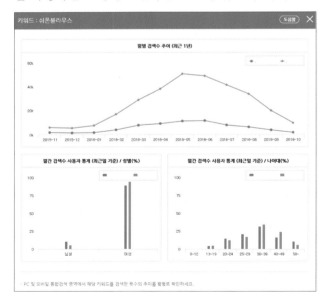

• 검색에 최적화된 해시태그 전략

　"#뷰티"를 검색해보면 763만 개의 게시글이 있을 만큼 많은 사람이 사용하는 해시태그이다. 그만큼 경쟁이 심해 인기게시물에 오르기 힘들 뿐 아니라 올랐다 하더라도 오래 유지하기가 어렵다.

　그렇다면 사용자가 적은 해시태그부터 공략해보자. 원하는 해시태그를 검색하면 아래와 같이 연관검색어별 게시물 개수가 함께 표시된다. 이때 아래의 상위, 중간, 하위 해시태그를 조합해서 사용해보고 1시간 후 사용한 해시태그의 인기게시물을 확인해서 하위 해시태그를 공략하지 못했다면 더 사용량이 낮은 해시태그를 사용해보고, 이미 안정적으로 올랐다면 사용량이 더 많은 해시태그를 사용한다. 이는 각 계정의 반응도가 다르므로 각자 계정에 맞는 해시태그를 적절하게 사용해보는 것을 추천한다.

상위 해시태그 : 사용량이 많은 해시태그(1~2개) (에) #뷰티 게시물 763만)
중간 해시태그 : 자주는 아니지만, 가끔 인기게시물에 도달되는 해시태그(2~3개) (에) #뷰티팁 게시물 15.7만)
하위 해시태그 : 쉽게 인기게시물에 도달하는 크기의 해시태그(3~5개) (예, #뷰티제품 게시물 5000)

　효과적으로 사용한 해시태그는 인기게시물에 등재되어 검색어를 통해 게시물이 노출 및 유입될 수 있다.

인사이트를 보면 해시태그 유입이 홈 다음으로 많이 된 것을 확인할 수 있다.

도달	2,552
노출	**2,592**
홈	1,224
해시태그	1,116
탐색 탭	231
기타	21

• 해시태그의 종류

해시태그는 제품 태그, 관심도와 목적성 태그, 시기성 태그, 운영자나 계정의 특징을 나타내는 태그, 판매를 유도하는 태그 등 다양하다.

해시태그의 종류와 사례를 살펴보자.

– 제품 관련 해시태그 : #하기스 #정관장 #바디워시 #삼성 #휴대폰 #휴대폰추천 #기저귀

– 관심을 가지거나 목적성이 뚜렷한 해시테그 : #피부발진 #면역력증가 #체형교정 #다이어트
효과 #메이크업팁 #30대오피스룩 #부모님선물 #잠투정 #수면교육 #도서추천

– 시기에 맞는 해시태그 : #추석 #설날 #어린이날 #크리스마스 #발렌타인데이 #화이트데이
#빼빼로데이

– 운영자를 나타내는 해시태그 : #육아맘 #30대 #직장인 #베이비 #베이비스타그램 #키즈 #
키즈스타그램 등

– 공감을 만드는 해시태그 : #불금 #육퇴 #월요병 #헬요일 #불매운동 등

– 판매유도를 하는 해시태그 : #고민은배송을늦출뿐 #마감임박 #문의폭주 #기절각 등

– 커뮤니티 해시태그 : #산타피플(산타피플은 인스타계정을 성장시키고자하는 사람들과의 커뮤니티로 산타맘 유튜브 채널이나 이 책의 독자들이 함께 사용하면 커뮤니티 내에 사람들과 자연스럽게 교류할 수 있다)

❹ 쇼핑태그

쇼핑태그란 인스타그램 이미지를 통해 제품을 구매할 수 있는 결제페이지로 직접 연결해주는 기능이다. 쇼핑태그로 제품명, 가격 등 제품 정보를 확인하면 별도로 검색할 필요가 없으므로 빠른 구매를 유도할 수 있다.

제품 정보를 누르면 구매 사이트로 이동

▲ 쇼핑태그 사례

위 쇼핑태그 사례에서 제품 정보를 누르면 구매 사이트로 이동된다. 단, 인스타그램 쇼핑태그를 설정하기 위해서는 우선 페이스북 계정과 연결이 필요하다.

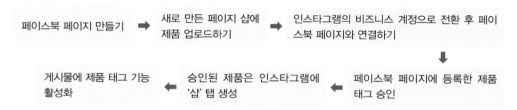

쇼핑태그는 개인 계정으로 시작하여 소소하게 운영하는 인스타그램은 추천하지 않는다. 별도의 쇼핑몰을 운영하는 비즈니스 계정 운영자에게 추천한다.

- 1단계 : 페이스북 비즈니스 페이지 만들기

1 페이스북 아이디가 있는 경우 로그인하고 없는 경우 새 계정을 만든다. 상단 만들기 버튼(+)을 누른 후 페이지 메뉴를 선택한다. 페이지 만들기 창이 나타난다. 페이지를 설명하는 페이지 이름, 페이지가 나타내는 유형을 설명하는 카테고리를 선택한 후 페이지의 특징을 나타내는 설명을 작성한 후 [페이지 만들기] 버튼을 눌러 비즈니스 페이지 만들기를 완성한다. 페이지를 만든 후 이미지, 연락처 정보 및 기타 상세 정보를 추가할 수 있다.

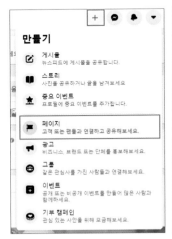  

2 페이지 관리하기의 Shop 설정을 한다. 결제 수단 선택, 비즈니스 상세 정보 입력, 인벤토리 추가를 한다.

- 2단계 : 새로 만든 페이지 샵에 제품 업로드하기

  페이스북 페이지 샵에 제품을 업로드한다.

1 페이스북 페이지 관리하기에서 [게시도구]-[Shop-제품] 메뉴를 클릭한다.

2 페이스북 상거래 관리자 화면에서 [카탈로그] 메뉴를 클릭한 후 Shop에 등록할 제품을 추가하기 위해 [카탈로그에 제품 추가] 버튼을 눌러 진행한다. 제품 이미지, 제품 제목, 설명, 웹사이트 링크, 가격 등을 설정하야 제품을 등록한다.

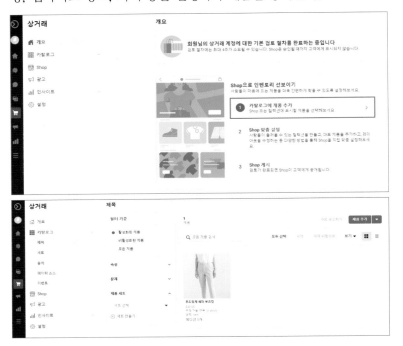

• 인스타그램 쇼핑태그 설정하기

    페이스북에서 비즈니스 페이지를 개설하고 '샵'에 상품등록까지 완성했다.

    이제 인스타그램의 비즈니스 메뉴에서 해당 페이지와 계정을 연결하여 승인이 완료될 때까지 기다리면 된다. 공식적으로 3~4주 정도 소요되지만 실제로 평균 3~4일 정도면 승인 완료된다. 단, 신청에 대한 승인이 거절되면 요건을 갖춘 후 제 신청하면 최대 2주까지 대기해야 한다.

1 승인이 정상적으로 완료되면 인스타그램의 비즈니스 메뉴 내에 제품판매 기능 신청 메뉴가 나타난다. '제품판매 기능 신청' 메뉴를 누르면 인스타그램 계정 검토 후 완료되면 알림을 보내온다. 제품판매 기능 신청이 승인되면 '제품판매 기능 신청' 메뉴를 클릭했을 때 "판매자 약관을 수락하시겠요?"라는 수락 창이 나타난다. [약관 수락]을 누르면 바로 카탈로그 연결을 묻는 메시지가 나타난다.

2 다음과 같이 개설한 카탈로그 리스트가 표시된다. "Facebook 페이지에서"와 "비즈니스 관리자에서" 두 개가 나오는데 번호 표시가 같다면 같은 카탈로그이므로 어느 한쪽을 선택해도 된다. 카탈로그 선택이 잘 완성되면 기존의 인스타그램 비즈니스 메뉴 내 "제품 판매 기능 신청" 메뉴가 "제품 판매"로 변경된 것을 확인할 수 있다. 지금부터는 인스타그램에서 상품을 올리고 판매할 수 있게 된다.

3 이제 인스타그램에서 게시물 올리기 버튼(⊕) 누른 후 제품 콘텐츠(사진 등)를 선택하여 게시물 올리기를 한다. 사진 조정 후 버튼 (→)을 누르면 새 게시물 창이 나타난다.

4 문구 입력란에는 제품이나 표시하고 싶은 문구를 입력한
다. '사람태그하기' 바로 아래 '제품 태그하기' 항목이 새롭게
생긴 것을 알 수 있다. 제품 태그하기를 누르면 등록한 사진
이 나오고 태그를 달고 싶은 위치를 누른다.

5 페이스북에서 등록한 카탈로그의 상품이 노출된다. 태그할 상품을 선택하면 앞서 선택
한 위치에 해당 상품이 태그된다. 공유 버튼을 누르면 좌측 하단의 [제품 보기] 버튼과 이
미지 클릭 시 쇼핑태그가 나타난다.

03
술술 읽어지는 인스타그램 글쓰기 9가지

인스타그램은 블로그처럼 장문의 글을 남기는 플랫폼이 아니기에 가볍게 글을 쓸 수 있는 장소이다. 사진도 중요하지만, 함께 남겨지는 글의 내용에 따라 공감을 일으키기도 혹은 스쳐 지나가게 할 수도 있다.

유명 인플루언서처럼 이모티콘 하나만 써도 좋아요가 수십만 개씩 달리는 일은 일반인에게 기대하기 어렵다. 그렇기에 피드 하나하나에 질 좋은 내용으로 채워가는 것이 중요하다.

너무 길게만 쓴다면 가독성이 떨어질 수 있다. 내용에 따라 짧은 글이 나올 때도, 긴 글이 나올 때도 있는데 이것은 각자만의 방식이 있어야 한다. 글은 자기 취향이 있기 때문이다.

다음은 술술 읽어지는 인스타그램 글쓰기에 도움 되는 9가지 항목이다.

첫째, 첫 문장이 가장 중요하다.

글을 처음 볼때 처음 1~2줄이 먼저 보이게 되는데, 사진이나 첫 줄에서 궁금증이 유발되면 '더보기'를 클릭하게 된다. 그러니 첫 문장에서 공감을 이루어 내야만 '더 보기'를 클릭하게 되고 그 이후 긴 글까지도 꼼꼼히 읽을 수 있게 된다.

#첫줄 #첫줄반사 - . 등의 전체 내용과는 아무 상관 없는 내용을 첫 줄에 쓰는 사람들을 많이 있다. 수많은 글과 정보들 속에서 아무 의미 없이 '더 보기'를 누르는 사람은 많지 않다. 첫 줄에 호기심을 유발 할 수 있도록 써야한다.

다음은 첫 줄만 보고 바로 구매로 이어졌던 피드백이다. 첫 줄에서 호기심이 일어나면 아래 내용까지도 꼼꼼히 읽게 되고 자연스럽게 구매로도 이어질 수 있다.

"인스타마켓 운영에서 제일 중요한 것 중 하나가 포스트라고 생각합니다. 포스트를 작성할 때 가장 중요하게 생각하는 것은 고객한테 가장 먼저 보이는 '첫 문장'이에요. 첫 문장은 고객이 흥미를 느껴 '더보기'를 눌러 계속 나머지 전체를 읽을 수 있게끔 강조할 부분, 중요한 부분을 적고 있습니다. 만약 가격이 가장 큰 특징이라면 가격 부분을 첫 문장에 노출하는 식으로 작성합니다. 전체적인 내용은 고객들이 필수적으로 확인해야 할 부분을 적는데, 고객한테 제일 반응이 좋은 포스트는 직접 테스트하고 쓴 후기 같은 글이에요. 신기하게 제가 정말 많이 만족하고 사용하는 상품들은 글에도 드러나는지 판매율도 높더라고요.

더 에르고 대표 허선회"

둘째, 댓글을 유도할 수 있도록 작성한다.

글을 게시하더라도 아무도 반응이 없다면 지켜보는 누군가도 참여하기 민망해질때가 있다. 손님들이 줄 서 있는 맛집을 보면 같이 줄서고 싶어지는 심리가 있듯 댓글이 많은 게시물일수록 쉽게 댓글을 쓸 수 있게 된다. 그렇다면 내용도 댓글을 유도할 수 있도록 적는 것이 좋다. 독백형태의 글보다는 질문이나 대화체 형태가 반응도를 높일 수 있다. 질문하게 되면 조언, 공감 등을 유도할 수 있다.

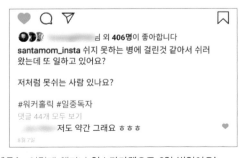

셋째, 긴 문장은 문단을 나눠서 작성한다.

윤동주 시인의 '별헤는밤'을 인용해본다.

[예시 1]
별 하나에 추억과 별 하나에 사랑과 별 하나에 쓸쓸함과 별 하나에 동경과 별 하나에 시와 별 하나에 어머니, 어머니 어머님. 나는 별 하나에 아름다운 말 한마디씩 불러봅니다.

[예시 2]
별 하나에 추억과 별 하나에
사랑과 별 하나에 쓸쓸함과
별 하나에 동경과 별 하나에
시와 별 하나에

어머니,
어머니
어머님,

나는 별 하나에
아름다운 말 한마디씩
불러봅니다.

두 사례의 내용은 완전히 같지만 단락을 나눠주는 것만으로도 훨씬 읽기 편한 글이 되어 있다.

넷째, 해시태그는 가독성을 고려해서 사용한다.

해시태그의 기능은 앞 단원에서 다루었지만 또 다른 기능으로는 본문 중간에 해시태그를 넣으면 파란색으로 글자색이 바뀌면서 포인트가 되어 강조할 수 있다.

해시태그는 본문에도 적을 수 있지만, 본문에 너무 많은 해시태그를 사용하게 되면 글이 정돈되지 않은 느낌을 받을 수 있어 가독성이 떨어지니, 본문에는 주요 해시태그만 넣고 댓글이나 대댓글로 해시태그를 추가하도록 하자.

[예시 1] 1/1-1/3 3일간 장난감 공동구매가 오픈되었습니다.
[예시 2] 1/1-1/3 3일간 #장난감 공동구매가 오픈되었습니다.
[예시 3] #1/1-1/3 #3일간 #장난감 #공동구매가 #오픈되었습니다.

여기서 1번의 글보다는 2번의 글이 장난감 키워드가 강조되므로 눈길이 한 번 더 머물수 있게 한다. 의외로 인스타그램 초보자의 경우 예시 3번의 형태로 해시태그를 사용하는 경우가 많은데 이렇게 되면 오히려 글이 깔끔하지 않아서 정신없는 글이 된다.

강조를 위해 본문에 사용하는 해시태그는 중요 포인트에만 가끔 등장시키는 것이 좋다. 검색을 위한 해시테그는 본문에 적지말고 댓글이나 대댓글로 옮겨 적자. 본문이 훨씬 깔끔해진다.(예시2를 가장 추천한다)

다섯째, 이모티콘을 적절히 활용한다.

글을 쓸 때 내 감정이나 포인트 되는 부분에 이모티콘 모양으로 된 느낌표나 화살표를 넣는 것만으로도 훨씬 집중도를 높일 수 있고 생동감을 줄 수 있으니 적극적으로 활용해보시길 바란다. 단, 이도 마찬가지로 너무 많이 쓰게 되면 오히려 글의 집중도를 낮출 수 있으니 포인트 용도로만 사용하자.

santamom_insta 25개월인생 첫 주세요👶👶
산타 목소리 속 튼튼이의 두떼어🍫
첫아이는 8개월에 엄마, 아빠까지 다하더니 둘째는 말이 느려요
첫아이때는 18개월때 왜 아직 문장이 안되지? 했는데 둘째는 엑스! 만 할줄 알아도 신동같아여?🙄 (미니특공대를 너무 많이 봐서 엑스만 정확히 해요🙂)

그래도 두떼여 한 역사적인 날👍👍👍

여섯째, 본문 내용을 충실히 작성한다.

판매를 진행하기 위한 제품 홍보 글에는 반드시 구매를 통해 고객이 얻을 수 있는 이익이 명확해야 한다. 아무 근거 없이 너무 좋다고 수십 번 말하더라도 고객 스스로 가치를 인정해야만 지갑을 열게 된다. 제품을 판매하고자 한다면 그 제품을 통해 고객들이 어떤 혜택을 얻을지 고민하고 그 내용을 풀어나가야 한다. 남들과 똑같은 제품 사양만 나열하기 보다는 자신의 경험을 바탕으로 다양하게 표현하는 것이 더 효과적이다.

다음 판매 글에는 망고를 먹었을 때의 기대효과, 가격, 타제품 대비 장점이 함께 표기되어있다.

일곱째, 새로운 콘텐츠를 적절히 발행한다.

가끔은 주의를 환기하는 새로운 컨셉의 올려보는 것도 좋다. 재미있는 콘텐츠라던가 궁금증이 일어날 수 있는 피드 말이다. 지금까지 사진만 올렸던 계정이라면 가끔 영상을 찍어본다던가 제품 설명만 늘어놓았던 계정이라면 일상을 공유하면서 새로운 주의를 불러일으킬 수도 있고, 재미있는 영상이나 도움이 될만한 정보성 글도 가끔 올려서 반응을 점검해보자.

여덟째, 유도하고 싶은 반응을 명시해 주는 것도 좋다.

팔로워들의 적극적인 반응을 유도하고 싶다면 "프로필 링크를 클릭하세요!", "친구소환해주세요!", "댓글 남겨주세요!" 등과 같이 구체적인 행위를 유도할 수 있도록 한다.

– 프로필 링크 클릭 : 내 게시물에 관심 있는 사람들이 구매 링크를 클릭하여 판매 제품에 대해 한 번 더 읽어볼 수 있거나 구매할 수 있다.

– 친구소환 해주세요 : 함께 먹고 싶거나 입고 싶은 사람을 소환하라고 내용을 작성해서 게시글의 바이럴을 유도한다.

– 댓글 남겨주세요 : 사연, 투표, 질문하며 댓글을 유도할 수 있다.

기타 리그램이나 저장하라고 유도할 수 있는데 이때 이벤트를 함께 진행하면 참여율이 더 높아질 수 있다.

명시하지 않더라도 댓글이나 반응을 유도하기 좋은 내용으로는 다음과 같다.

– 저장을 유도하는 글 : 정보성 글(여행장소, 추천제품, 건강상식, 요리정보, 다이어트방법, 놀이법 등)
– 좋아요/댓글을 유도하는 글 : 어떤 주제에 대한 개인적인 생각이나 견해, 투표, 질문

아홉째, 판촉을 위한 피드 구성

공동구매를 진행하게 되면 기간 내에 제품 홍보 글을 3개 이상 올리는 것이 좋다. 이때 홍보 글의 내용으로는 뻔한 스펙 나열보다는 스토리를 담아내는 것이 좋다.

[예시 1] 이 제품은 A 인증마크와 B, C 재료를 사용했습니다.
[예시 2] A 인증마크가 있다는 점이 사용하는데 안심이 되었고, 사용된 B, C 재료는 OO에 유익해서 효과를 보았어요!

단순히 상세페이지를 보고 제품 스팩을 나열해놓은 예시1 보다는 판매자가 직접 사용하고 느꼈던 것을 진정성 있게 담아낸 예시2가 더 호감이 간다.

그 외에도 제품 준비과정, 제품의 장점(장점은 많으면 많을수록 좋지만, 1개의 장점당 피드 1개로 구성하는 것이 좋다), 이벤트, 후기, 판매 후 배송 관련 사진, 재고이슈 정보 제공(품절이 되거나 한정수량, 선착순 이벤트의 경우는 별도로 알려서 구매자들에게 정보를 알려주고 반응을 유도할 수 있다.) 등을 다양하게 구성해서 판매 기간 동안 피드 글을 읽는 팔로워가 지루하지 않게 구성하는 것이 좋다.

블로그를 활용하는 것도 방법이다. 인스타그램과 블로그는 성격이 다르다. 인스타그램은 비교적 호기심을 자극하고 시각적인 부분에 집중하는 플랫폼이라면 블로그나 유튜브는 정보를 얻기 위해 긴 글이라도 기꺼이(오히려 긴 글일수록 더 신뢰가 갈 수 있다.) 읽겠다는 생각으로 누른다. 블로그에 제품의 설명을 자세하게 표현해서 궁금한 사람들이 들어가서 읽을 수 있도록 프로필 링크에 연결해놓을 수도 있다.

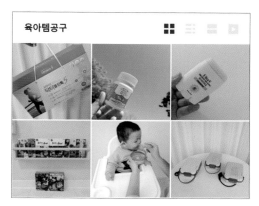

▲ 산타맘 블로그

04
매력적인 사진찍기

인스타그램은 사진을 기본으로 하는 플랫폼이다. 이전에는 감성적인 사진이 대세였으나 요즘은 자신의 스타일에 맞게 올리는 것이 트랜드이다. 하지만 기본적인 팁을 알고 있으면 훨씬 더 도움이 되리라 생각한다.

첫째, 무조건 하루에 몇 장이라도 찍어라.

사진을 못 찍는다고 걱정만 하지 말고 일단 무조건 찍어서 업로드해보자.

인스타그램을 처음 시작하자마자 올렸던 내 제품 사진들과 일상사진을 보면 부족한 면이 너무 많이 보인다. 심지어 당시는 열과 성의를 다해 찍었던 사진들인데 말이다. 구도도 바꿔보고 글자 폰트도 넣어보고 어떻게 하면 예쁜 사진을 찍을 수 있을지 나름의 연구를 많이 하고 사진을 잘 찍는 인플루언서의 사진도 늘 관찰하자.

아무리 유명한 스튜디오에서 가족사진을 찍어도 마음에 들지 않는 부분이 생길 수 있듯이 사진도 마찬가지이다. 개인 취향이 확고해지고 비슷한 느낌의 사진들이 계속 업로드되다 보면 내 피드의 느낌이란 것이 정해진다.

사진 한 장만 찍을 때와 여러 사진이 모여있는 피드 전체를 볼 때는 분명 느낌이 다르다. 찍어보고 업로드 해야 그것이 보인다. 그러기 위해서는 부계정을 만들어서 연습해보는 것도 방법이다. 9~12개 정도의 사진을 올려서 배치상 어울리는지 점검해보아도 좋다.

그동안 수도 없이 찍어본 결과 적어도 처음 시작했을 때본다는 훨씬 사진이 나아졌다.
다음은 초창기 2018년 11월 무렵 찍은 사진이다.

다음은 상점운영 1년 차 찍은 사진이다.

다음은 상점운영 2년 차 찍은 사진이다.

둘째, 수평 (격자)를 사용하라.

가로세로 선이 맞춰지면 좀 더 안정감 있는 사진을 연출할 수 있다.

카메라 설정에 들어가면 안내선이란 기능이 있다. 격자로 카메라의 안내선이 나오는데 그것을 맞춰서 수평 구도를 잡을 수 있고, 깜박하고 이렇게 하지 않았다 하더라도 업로드 전에 조정으로 이동해서 각도를 조정할 수도 있다. (안드로이드 버전)

셋째, 제품의 포인트를 찾아라.

상품사진은 상품의 특징을 잘 전달할 수 있는 주요 포인트를 찾아내어 촬영하는 감각이 필요하다. 다음은 가방의 전체적인 느낌을 전달하는 사진과 가방의 주요 특징을 나타내는 포인트를 찾아 접사 촬영한 사진들이다. 특히 가방의 지퍼 부분은 닫은 채로 촬영하지 말고, 약간 벌려준 후 입구를 구부려 촬영하면 가방의 입체감이 표현된 사진을 얻을 수 있다.

넷째, 초점을 맞추어라.

강조하고 싶은 피사체를 클릭만 해주어도 핸드폰에서 자동으로 초점을 맞출 수 있다. 초점뿐만 아니라 피사체에 맞는 밝기 조정도 가능하니, 사진 찍기 전에 찍고 싶은 피사체를 한번 눌러주는 것을 반드시 잊지 말길 바란다. 추가로 이 피사체가 좀 더 선명하고 주목받게 하려면 아웃 포커싱 기능을 이용하는 것도 좋다. 이 기능을 사용하게 되면 초점 맞춘 부분(❶) 외에는 흐리게 처리(❷)되어 피사체가 좀 더 주목받게 되고 선명해져 집중할 수 있는 효과를 줄 수 있다

다섯째, 주제와 의도에 맞는 사진 구도를 찾아라.

사진을 통해 무엇을 전달할 것인가를 미리 계획한 후 촬영해야 한다. 특히 야외 촬영의 경우 구도의 중요성이 더욱 크다. 사진의 구도를 잡는 것은 피사체와 배경을 주제와 의도에 맞게 배치하여 화면을 구성하는 작업이다. 사진의 구도를 잡기 위해서는 우선 가로로 촬영할 것인지 또는 세로로 촬영할 것인지 결정한 후 주제와 의도에 맞는 구도를 선택하여 촬영을 시작한다. 다음은 상품 촬영 시 가장 많이 사용되는 3등 분할 구도와 삼각형 구도이다. 인스타마켓은 그림1보다 그림2, 그림3 구도가 유리하다. 모바일에서는 세로 사진이 몰입감이 높기 때문이다.

▲ 그림1 세로 사진의 3등 분할 구도　　▲ 그림2 가로 사진의 3등 분할 구도　　▲ 그림3 삼각 구도

여섯째, 촬영할 장소를 만들어라.

실내 또는 야외에서 촬영한 상품 사진이 만족스럽지 않다면 직접 스튜디오를 만들고 조명을 설치하여 상품 사진을 찍을 수 있다. 촬영 스튜디오처럼 실제 촬영 세트같이 꾸며도 좋겠지만, 간단한 스튜디오에 조명만 효과적으로 설치해도 좋은 사진을 얻을 수 있다.

판매하는 제품에 따라 피팅 촬영이 가능한 스튜디오와 작은 제품 촬영 목적의 미니 스튜디오로 구분해서 만들어보자.

• 피팅 촬영 가능한 개인용 스튜디오 만들기

의류, 패션 등을 판매하는 인스타마켓은 운영자 스스로가 피팅 모델이자 사진작가 역할을 해야 한다. 이런 경우 집에서 피팅 촬영이 가능한 개인 스튜디오를 만들면 편리하다. 피팅 촬영이 가능한 개인 스튜디오는 천장에 커튼을 설치할 만한 작은 공간만 있으면 만들 수 있다.

- 준비물 : 곡선 레일, 레일 조명 2~3개, 전신 거울, 커튼, 카펫, 전동 드릴
- 제작 방법 : 곡선 레일을 구부려 원하는 모양으로 만들고, 전동 드릴을 이용하여 벽 천장에 설치한 후 커튼을 장착한다. 레일 조명과 전원 부분을 연결하여 2~3개 정도 설치하거나 거울 앞쪽 등에 설치한다. 피팅룸 안을 가득 채울 수 있는 크기의 카펫을 바닥에 깔고, 피팅룸 전면에 대형사이즈 거울을 배치하면 다음과 같은 피팅 촬영이 가능한 스튜디오 설치가 완성된다.

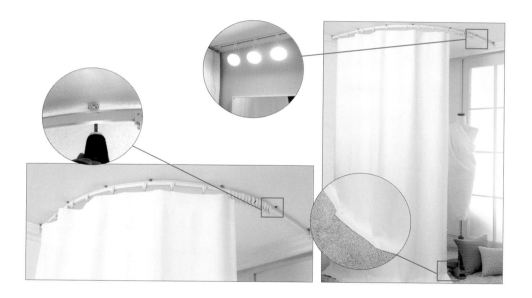

레일 조명은 LED 램프나 주광색 램프를 선택한다. '주광색'은 하얀빛이고 '전구색'은 노란빛을 띤다. 피팅용 커튼은 빛 차단율이 높은 암막 커튼 사용을 권고하고, 암막 커튼 안쪽에 레이스 커튼을 함께 설치하면 색다른 분위기를 연출할 수 있다. 거울은 피팅 모델이 자연스러운 포즈를 취할 수 있을 만큼 큰 사이즈를 선택한다. 피팅룸 안에는 마네킹, 의자 등 소품을 활용하면 색다른 분위기를 연출할 수 있다.

• 초간단 미니 스튜디오 만들기

농수산물, 완구 등 크기가 작은 제품을 촬영하는 경우 간단하게 미니 스튜디오를 만들 수 있다. 초간단 미니 스튜디오 재료는 다음과 같다.

• 준비물 : 우드락 3장, 투명 테이프, 가위, 백지(모조 전지)
• 제작 방법 : 우드락(여기서는 폼보드(600×900mm)) 3장의 이음을 붙여서 'L'자로 만들어 투명 테이프나 접착제(우두보드 본드)로 고정하고 그 위에 배경지로 백지(전지)로 가려주면 다음과 같은 초미니 스튜디오가 완성된다.

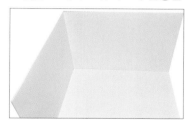

▲ 우드락 3개 고정하기

▲ 배경지 깔기

▲ 조명 설치하기

▲ 휴대전화 내장 카메라로 촬영한 결과물

배경지는 흰색 전지가 가장 무난하고 파스텔톤의 전지를 사용하면 색다른 느낌의 상품 사진을 얻을 수 있다. 내 상품의 색상보다 약간 옅은 색의 전지를 사용하면 자연스러운 상품 사진을 얻을 수 있다. 빛의 각도와 카메라의 각도에 따라 사진의 느낌이 달라질 수 있다. 또한 상품을 우드락 벽면에 붙여 놓은 후 촬영하면 그림자가 만들어질 수 있으므로 벽면에서 약간 떨어진 위치에 놓고 촬영한다.

일곱째, 사진 톤을 조정하라.

톤 조정을 하면 올렸던 피드들이 모였을 때 사진의 일관성을 줄 수 있다. 밝기 조정과 온도조절 등을 비슷한 느낌으로 맞추거나 필터를 사용해도 좋다.

다음은 밝기를 조정하기 전후 사진이다.

▲ 밝기 조정 전 사진

▲ 밝기 조정 후 사진

때로는 사진 찍는 어플에 보정 기능을 사용해도 좋다. 하지만 이때 어플을 사용하게 되면 사진의 선명도가 다소 떨어질 수 있으므로 화질이 떨어지지 않는 어플을 사용하는 것이 좋다.

여덟째, 사진에 글자를 넣어라.

사진에 간단한 글자를 넣으면 한눈에 주목받을 수 있다. 단, 너무 과도하게 글자를 넣으면 상품 전달 효과가 떨어질 수 있다.

TIP 사진 꾸미기 어플 추천

핸드폰으로 찍은 사진에 글자를 넣거나 꾸밀 때 사용하는 대표적인 어플이다.
– ULike, SNOW, B612, PicsArt

05
이벤트 종류와 기대효과

인스타그램에서 진행하는 대표적인 이벤트 종류는 구매 완료 이벤트, 댓글 이벤트, 친구소환 이벤트, 팔로워 이벤트, 서포터즈 이벤트, 리그램 이벤트, 후기 이벤트 등이 있다. 이벤트의 특징과 기대할 수 있는 효과에 대해서 알아보자.

❶ 구매 완료 이벤트

구매한 고객이 댓글을 남겨주도록 유도하는 것이다. 신규 고객이 누구인지 구매고객의 연령, 패턴, 취향, 소비성향을 파악할 수 있다. 구매고객의 리스트를 정리해서 고객관리에 참고하는 것도 좋은 방법이다.

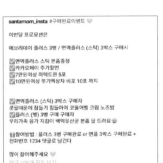

❷ 댓글 이벤트

댓글을 많이 남길 수 있도록 유도한다. 내 게시물의 반응도를 높일 수 있으므로 상위노출에 유리할 뿐 아니라 제품 특징이나 효과 등을 댓글에 적거나 읽는 과정으로 각인효과를 기대할 수 있다. 이때는 누구나 쉽게 답할 수 있는 질문을 하는 것이 좋다. 퀴즈 등을 활용하는 것도 재미요소가 될 수 있다.

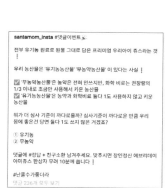

❸ 친구소환 이벤트

1명의 고객 뒤에는 5명의 숨은 고객이 있다고 한다. 지인들을 친구 소환하게 되면 내 계정을 모르는 누군가에게 홍보될 수 있고 입소문에 효과가 좋다.

❹ 팔로워 이벤트

상징적인 숫자의 팔로워를 달성하거나 달성을 위해 진행하는 이벤트다. 1만 명 달성 이벤트, 7777명 달성이벤트 등이 해당 된다. 많은 사람들이 참여해서 기존 고객들에게 감사의 뜻을 표하거나 신규 팔로워를 늘리는 데 목적이 있다.

그 외에도 다음과 같은 이벤트 종류가 있으니 다양하게 활용해보길 바란다.

❺ 서포터즈 이벤트

상품을 제공하고 서포터즈로 당첨이 된 사람은 일정 기간 정해진 제품을 사용하거나 입은 모습을 피드로 올리도록 하여 서포터즈의 팔로워에게도 홍보 효과를 기대할 수 있고 제품에 대한 다양한 후기가 남게 된다. 처음 진행하는 제품으로 후기가 부족한 경우 활용하면 좋다.

❻ 리그램 이벤트

내가 올린 피드를 참여자의 계정으로 퍼가는 형태의 이벤트이다. 리그램을 참여하는 만큼 여러 개의 피드를 올리는 것과 같은 효과를 낼 수 있다. 참여한 사람의 팔로워에게도 노출되어 계정을 홍보하는 효과를 가질 수 있다. 감성적인 사진일수록 참여도가 높아진다. 또한 퍼가고 싶을 정도의 사진을 찍어볼 수 있도록 노력하자. 본문에 노출되고자 하는 해시태그를 넣으면 효과가 극대화된다.

❼ 후기 이벤트

댓글로 후기를 유도하는 경우는 댓글을 본 사람의 구매 욕구를 자극할 수 있고 DM 등으로 받은 후기를 받아 정리를 잘 해놓으면 다음 진행 시에 참고사항으로 후기를 알려줌으로써 구매하지 않은 고객이 판단하거나 구매전환으로 이어지게 할 수 있다. 제품 성능의 신뢰도를 높일 수 있다.

이벤트 진행 시 주의사항

이벤트는 참여도에 의의가 있다. 많은 사람이 참여할 수 있도록 접근성이 쉬운 이벤트를 기획하자. 너무 어려운 질문이나 달성해야 할 미션이 너무 많은 이벤트는 참여율이 떨어진다.

이벤트 피드를 광고해도 반응이 좋고 참여율이 높아진다.

선물은 되도록 내가 진행하는 제품이나 많은 사람이 관심있는 것으로 증정하는 것이 좋다. 자신의 판매 제품을 선택하면 또 다른 후기를 받을 수 있고 관심있는 제품으로 하면 참여율이 높아질 수 있다.

06
진성 고객 만드는 5가지 방법

내 팔로워를 진성 고객으로 만드는 방법은 여러가지가 있다. 여기서는 필자가 직접 겪었던 많은 상황을 다섯 가지 주제로 알아본다.

첫째, 판매하는 제품에 대해 전문적 지식을 갖추어라.

한가지의 제품군을 선택할 때는 비슷한 제품군과 비교해보고 실제로 사용해보면서 장단점을 정확하게 파악해보자. 가격, 성능, 효과, 인증면에서 어떤 강점을 어필하면 좋을지 단점은 어떻게 보완하면 좋을지 고민해보자.

신빙성 있는 관련 자료(책, 논문, 뉴스 자료 등)를 찾아보고 사실을 근거하여 고객들에게 끊임없이 정보를 제공하라. 장점만 나열할 것이 아니라 근거를 함께 제시하면 신뢰도가 높아질 수 있으며 신뢰가 있는 제품을 사용하면 그 만족도도 높아져서 재구매까지 기대할 수 있다.

기대할 수 있는 효과는 최대한 시각적으로 확인할 수 있도록 하자. 염소 제거에 효과가 있다고 글로만 표현할 것이 아니라 직접 염소시약을 구매해서 테스트해보고 확인해보자. 이 과정을 피드로 표현하고 고객에게도 보여준다면 더욱 고개가 끄덕여질 것이다.

그 외에도 섭취방법, 주의사항, 다양한 사용방법, 새로운 활용법 등을 알려주면 신뢰도가 높아질 수 있다. 남들이 모두가 쓰는 평범한 제품 소개보다 실제 사용사례로 만들어진 새로운 접근법이 더 신뢰가 갈 수 있다.

둘째, 첫 고객 5명과 긴밀하게 소통해라.

내 계정에 자주 방문하고 판매하는 제품에 대해 긍정적으로 반응해주고 구매해주는 진성 고객 5명을 반드시 만들어야 한다. 그들은 게시물에 대해 긍정적인 댓글을 남겨주고, 제품을 구매해주고 끊임없이 피드백해주고 후기를 남겨준다.

서로 댓글을 달고 '좋아요'를 눌러주는 것만으로 작은 소통이 시작되고 마켓 운영 기간이 누적됨에 따라 이러한 진성 고객이 조금씩 쌓이다 보면 게시물에 문의량도 많아지고 댓글도 늘어난다.

그들이 남겨준 댓글에 정성껏 대댓글로 답변을 하고, 상대방의 계정에도 방문하여 소통을 이어나가는 것을 게을리해서는 안 된다. DM으로 안부를 묻거나 주기적인 라이브 방송을 진행해서 영상통화를 하는 듯 친밀한 소통을 하는 것도 좋다.

소통이 시작된 고객이 바로 구매고객으로 이어지지는 않지만, 관계를 지속하다 보면 구매고객이 되고 그 이후 더욱 가까워지면 팔로워의 팔로워나 주변 지인들까지도 관계를 늘릴 수 있는 선순환이 일어난다.

◆ 고객 소통 에피소드

변비에 도움이 되는 제품을 판매했을 때였다. 대부분 후기도 좋고, 꽤 오랫동안 검증해서 오랜 기간 진행했던 제품이었는데 댓글에서 "저는 잘 모르겠어요."라는 반응이 있었다. 직접 연락을 취해서 섭취방법부터 차근차근 점검해나갔다. 원인은 섭취방법이 잘못되었던 것이다. 안내를 통해 섭취방법을 변경하였고, 변경하자마자 일주일 만에 효과를 보아서 매 차수마다 구매하는 단골고객이 되었다.

내가 판매하는 제품이 누군가에게 최상의 효과를 낼 수 있도록 노력해야 한다. 아마 내가 그런 관심을 기울이지 않았다면 그 고객은 앞으로의 나의 추천들을 신뢰하지 못했을 것이고, 그 제품은 효과 없는 제품으로 각인 되었을 것이다. 개선할 수 없었다 하더라도 다른 도움이 될 방법을 함께 모색해서 고객이 내 제품을 사용하고 나서 나아질 수 있도록 판매 이후에도 꾸준히 관찰해야 한다.

셋째, 책임 있는 C/S를 진행하라.

판매를 진행했을 때 제품의 제조사나 공급사에서 일정 부분의 책임을 지기는 하지만 고객은 그러한 제조사나 공급사에 대한 믿음보다 인스타마켓 운영자에 대한 신뢰로 구매하는 경우가 대다수이다. 그러므로 고객 불만 사항이 접수되거나 확인을 필요로 하는 부분이 발생했을 때는 할 수 있는 범위 내의 처리는 직접 하는 것이 좋다. 공급사의 연락처를 알려주고 고객이 직접 처리하게 하는 것보다는 최대한 적극적으로 확인해서 고객의 불편을 덜어주어야 한다. 그래야 위기가 기회가 되어 고객 불만 건이 오히려 두터운 신뢰로 나아갈 수 있다.

◆ 배송 실수 에피소드

10시 기점으로 주문서를 마감한다고 공지하였으나 실수로 9시 58분을 기점으로 주문서를 마감하고 당일 발송 처리를 했는데 마침 9시 59분 주문 건이 있었다.

다음 날 아침 고객으로부터 항의를 받았다. 마침 기다리던 제품이었고 고객은 이미 마음이 상해있던 상황이었다. 나는 가지고 있던 제품을 들고 고객에게 왕복 160km를 직접 운전을 해서 전달하였다. 몇 달 후에 그분에게 연락이 왔다. 그때의 일로 진심을 다하는 모습이 감사하고 믿음직해서 그 이후 지인들에게도 소개하고 있다고 말이다. 그분은 아직도 오랫동안 소통하고 있는 분이다.

자신이 한 실수에 대해서는 최선을 다해 처리해야 한다. 제품 공급처의 실수든 본인의 실수든 말이다. 책임감 있는 처리는 점점 더 많은 진성 고객을 만들어 낼 수 있다.

넷째, 내 계정의 특성을 극대화해서 찾아오는 공간으로 만들어라.

자신의 계정 특성을 파악한 후 직접 검색을 통해 방문하고 싶은 계정으로 만드는 것이 중요하다. 재미있는 글귀나 건강정보라든지 맛집 정보, 여행 정보 등을 구성해 놓자. 또한, 이러한 정보들은 한두 번으로 끝날 것이 아니라 꾸준히 올려야만 내용의 일관성을 갖출 수 있다.

예를 들어 음식 관련 계정을 운영하고 싶은 사람은 맛집이나 내가 만든 음식 등을 꾸준히 올려야 한다. 레시피나 맛집 정보들을 꾸준히 올리면서 누군가가 요리할 때나 어떤 맛집을 검색할 때 이 계정에 한번은 방문하고 싶은 그런 생각이 나게 하는 계정처럼 말이다.

A라는 계정에 가면 간단하고 따라하기 쉬운 레시피가 잔뜩있어 라던지 다이어트나 운동에 대해서는 B라는 계정이 떠오르는 것처럼 말이다.

꾸준하고 일관성이 있어야 한다는 의미는 관련 관심사를 가진 사람이 모이게 하는 역할을 한다. 음식 사진이 마음에 들어 유입되었으나, 계정 전체에 다른 주제의 글이 더 많다면 이탈될 것이다. 반면 우연히 방문한 계정에 음식에 대한 다양한 정보와 사진들이 있다면 팔로워 할 가능성이 커지고 찾아와지게 된다.

[사례 1]

인테리어를 주제로 해서 따뜻하고 부드러운 사진의 톤을 유지하고 있고 살림, 인테리어의 주제에 맞는 제품을 공동판매를 진행 중인 계정이다.

[사례 2]

가성비 좋은 육아용품을 비롯한 생활용품 등을 공동구매하는 판매 계정이다.

[사례 3]

엄마표 놀이를 다양하게 보여주면서 관련 제품을 소개하고 판매하는 계정으로 아이 용품에 맞게 전체 톤도 알록달록한 사랑스러운 느낌을 준다.

다섯째, 고객에게 감동을 주어라.

온라인 상이지만 결국은 인간관계이다. 서로에 대해 끊임없이 관심을 가지고 진심을 다해보자. 도울 수 있는 한 내가 도울 일은 기꺼이 도와주자. 이런 일들이 하나하나가 쌓이게 되면, 어느 날은 게시글을 늦게 올리면 무슨 일 있는지 걱정하는 분, 심지어 친정집 근처에 물난리가 나면 친정 부모님 괜찮냐는 연락까지 온다. 아이의 일상을 게시글로 올리면 육아 조언을 해주고, 남편과의 일을 올리면 본인의 에피소드를 제보해주기도 한다. 팔로워들과의 관계를 판매자와 구매자로 한정 짓지 말고 진정으로 소통하는 하나의 인간관계를 만들어나가자.

◆ 고객 감동 에피소드 1

명절 전 일주일 정도는 택배 물량이 폭증해서 택배 지연이 다반사였다. 마침 가족들과 함께 외출했었는데 고객 한 분이 명절 선물을 준비하지 못했다고 바로 배송해줄 수 있는지를 물어왔다. 택배 지연이 있을 것을 알았기에 어디에 주문해도 명절 전에 제품을 받을 수 없을 것 같아서 나는 당장 1시간가량을 택시를 타고 집에 와서 택배를 발송하였다. 다행히 고객은 명절 전 무사히 제품을 받을 수 있었다.

판매 마진보다 더 많은 택시비가 발생했다. 주문 건의 실제 마진은 마이너스였지만, 결과는 어떤 제품이 필요할 때 가장 먼저 문의부터 오는 사이가 되었다. 매번 손해 보는 거래를 할 수는 없지만, 긴급한 상황에서 도울 수 있는 부분이 있다면 적극적으로 도와라. 또 다른 진성 고객과 소통할 기회가 생길 수 있다.

◆ 고객 감동 에피소드 2

이렇게 소통을 이어나가다 보면 서로에 대해 신뢰하게 되고 나아가서 주변 분에게 소개로 이어져 이로 인해 유입되는 신규 고객들이 더 늘어나게 된다.

이번에는 어느 날 내 계정을 알고 찾아오게 된 재미있는 사연이다. 아이가 자주 다니던 소아과 의사 선생님이 산타맘과 산타맘의 판매제품을 소개하면서 찾아가 보라고 했다고 한다. 그분도 고객을 통해 산타맘을 알게 되었다고 한다. 이처럼 한사람과의 소중한 인연은 돌고 돌아 새로운 인연을 만들게 된다.

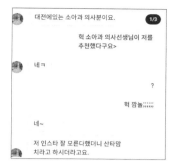
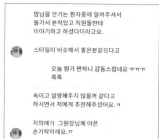

◆ 고객 감동 에피소드 3

　특별한 마음을 전하고 싶을 때는 짬을 내서라도 손편지를 적어 제품을 보낸다. 어느날 한 고객이 자신도 마음을 담아서 나에게 손편지를 적어 보내주었다. 작은 행동 하나에 진심이 담기니 나에게도 감동을 전해주었다. 이렇게 진심으로 소통하는 한 사람 한 사람이 마켓 운영의 큰 힘이 될 수 있다.

　다음은 산타맘이 고객에게 보낸 편지이다.

　다음은 고객이 산타맘에게 보낸 답장 편지이다.

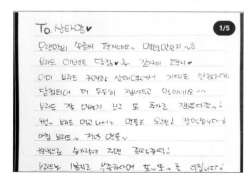

'메이비홈' 박보연 대표 인터뷰

인스타그램 : @maybe_sweety
주요 판매 아이템 : 리빙 / 홈테코

Q1 '메이비홈'은 어떤 곳인가요?

일상과 좋은 정보를 공유하면서 좋은 제품이 있으면 소개하고 공동구매로 판매도 하는 곳입니다.

Q2 '메이비홈'를 시작하게 된 계기와 현재는 어떤 모습으로 발전되었나요?

우연히 페이스북 가입을 하게 됐는데 인스타그램과 연동되어 자연스레 발을 들이게 되었습니다. 집 꾸미기를 좋아하고 예쁜 살림템들을 좋아해서 공유하고 소통하다가 가벼운 마음으로 마켓을 시작했습니다. 그렇게 꾸준히 일상과 직접 체험해보고 좋은 상품은 공구하는 마켓 역할도 하는 인스타그램 계정으로 운영하고 있습니다.

Q3 '메이비홈'의 특징, 운영 방침 등은 무엇인가요?

아직까지는 딱히 틀에 짜여있는 운영방침은 없습니다. 그냥 좋은 제품은 팔로워분들과 함께 공유하고 내가 쓰고 만족한 제품을 착한 가격에 구매할 수 있게 제공해드리자. 이 정도의 깊이로 운영합니다.

Q4 인스타마켓을 통한 상품 공동구매 관련 포스트(글)를 작성할 때 가장 중요하게 생각하는 부분은 무엇인가요?

꾸밈없이 편안하고 신뢰를 줄 수 있게 글을 작성하는 것을 가장 중요하게 생각합니다. 공동구매 글은 철저하게 사용자 관점에서 꼼꼼하게 직접 체험해보고 느낀 점을 편안하게 전달하려고 노력합니다. 그런 글은 팔로워들의 '좋아요'나 응원의 메시지도 많고 좋은 결과로도 이어집니다.

Q5 '메이비홈' 인스타마켓을 운영하면서 가장 힘들었던 순간은 언제인가요?

인스타마켓을 통해 공구를 진행하다 보면 다른 곳과 같은 제품을 판매하게 되는 경우가 있습니다. 이럴 때는 굉장히 조심스럽고 의도치 않은 오해가 생기는 때도 있어 힘들 때가 있습니다. 그리고 공구 위탁 업체의 발 빠른 대처가 되지 않을 때도 어려움이 있습니다.

Q6 인스타그램 공동구매 상품 공급은 어떤 방식으로 진행하시나요?

업체의 상품을 위탁판매로 위탁배송하는 방식, 사입해서 직접배송하는 방식, 직접 제작하는 방식 등 다양한데요. 주로 진행하는 방식은 위탁판매입니다.

Q7 인스타마켓 공동구매 진행 시 고객들의 상품 결제는 주로 어떤 방식을 이용하시나요?

위탁판매 업체에서 제공해주는 주소창으로 결제를 안내합니다.

Q8 고객 문의와 상담 및 교환, 반품 대처 방법은?

CS는 위탁판매 업체에서 맡아서 진행해줍니다.

Q9 인스타마켓을 준비하려는 독자에게 들려주고 싶은 이야기가 있다면?

인스타마켓 시장의 규모가 커진 만큼 경쟁도 치열합니다. 그래서 제품을 고를 때 다른 인스타마켓에서 판매가 잘되는 것 같아 따라서 진행하는 경우가 많은데요. 이 방법보다는 충분히 직접 해당 제품을 직접 체험해보고 여러 면에서 만족스러울 때 진행해야 내 마켓의 퀼리티가 높아진다고 생각합니다.

Q11 앞으로 계획이 있다면?

아직 큰 계획은 없어요. 지금처럼 일상을 소통하고 차근차근 신뢰를 쌓아 성실한 마켓으로 꾸준히 성장해가는 것입니다. 인스타마켓으로 돈을 쫓기 시작하면 매출에 따라 스트레스가 되기 때문입니다. 처음 마켓 시작할때의 마음 가짐을 잊지 않고 즐겁게 계정을 꾸려나가길 기대해봅니다. 이제 막 시작하려는 많은 인스타마켓 운영자님을 응원합니다.

APPENDIX 1
4주 인스타그램 그룹 집중 컨설팅 결과

다음은 필자가 다양한 유형의 팔로워들을 4주간 그룹 집중 컨설팅을 통해서 재정비 및 개선된 사항이다. 컨설팅을 받은 모든 분의 인스타그램 운영 지표가 눈에 띄게 좋은 성과를 얻었다. 다음 표는 4주 그룹 집중 컨설팅 시 진행했던 주요 컨설팅 내용과 사례 성과이다.

주요 컨설팅 내용
❶ 프로필 재정비
❷ 콘텐츠(사진, 동영상, 글) 내용 수정
❸ 선팔, 맞팔만이 아닌 커뮤니티 기반 게시물 최적화를 통한 노출 증가로 자연스러운 팔로워 증가
❹ 주제 없는 계정에서 컨셉을 명확히 하여 개성있는 계정으로 변화

컨설팅 사례 1

@lovely_hana7 '유하유니찐남매' 인스타그램 계정 컨설팅 전/후 결과

팔로워수 601명 전 / 1,942(1,341명 증가) 후
좋아요수 30~40개 전 / 620개 후
댓글수 0~2개 전 / 260개 후

▲ 프로필 / 콘텐츠(사진, 글 등) 컨셉 및 내용 수정 전/후

컨설팅 사례 2

@goeun2116 'JAEWON' 인스타그램 계정 컨설팅 전/후 결과

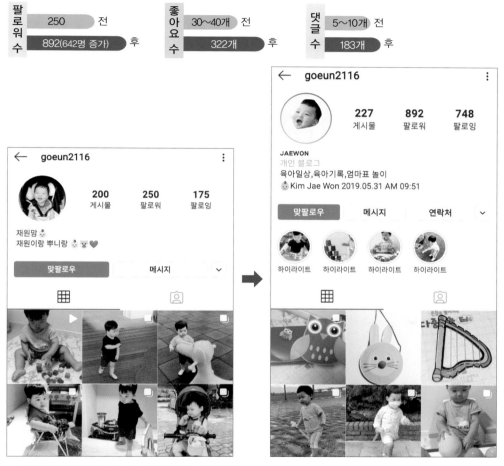

팔로워수 250 전 / 892(642명 증가) 후

좋아요수 30~40개 전 / 322개 후

댓글수 5~10개 전 / 183개 후

▲ 프로필 / 콘텐츠(사진, 글 등) 컨셉 및 내용 수정 전/후

컨설팅 사례 3

@jysy0619 '왁자지껄 찐시세야네' 인스타그램 계정 컨설팅 전/후 결과

팔로워 수 497 전 / 1,302(805명 증가) 후

좋아요 수 50~60개 전 / 398개 후

댓글 수 5~10개 전 / 265개 후

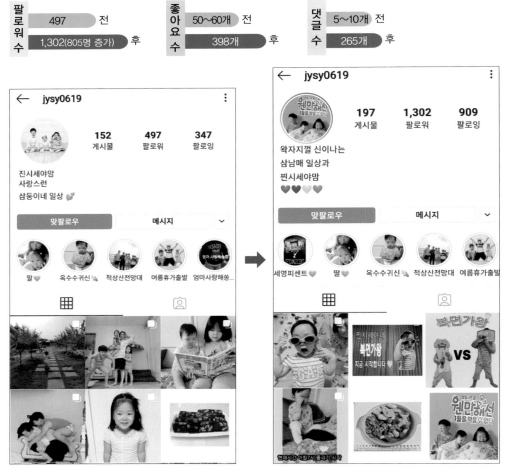

▲ 프로필 / 콘텐츠(사진, 글 등) 컨셉 및 내용 수정 전/후

컨설팅 사례 4

@yu_jini0115 '테라맘' 인스타그램 계정 컨설팅 전/후 결과

팔로워 수 | 684 전 | 1,300(616명 증가) 후

좋아요 수 | 30~40개 전 | 223개 후

댓글 수 | 5~10개 전 | 16개 후

▲ 프로필 / 콘텐츠(사진, 글 등) 컨셉 및 내용 수정 전/후

컨설팅 사례 5

@kimjubu_insta '김주부' 인스타그램 계정 컨설팅 전/후 결과

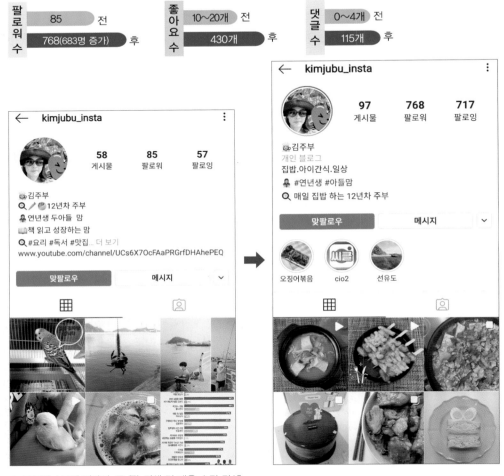

▲ 프로필 / 콘텐츠(사진, 글 등) 컨셉 및 내용 수정 전/후

컨설팅 사례 6

@happy_jjung_ '거제언니 해피쩡' 인스타그램 계정 컨설팅 전/후 결과

팔로워수
196 전
1,005(809명 증가) 후

좋아요수
20~30개 전
180개 후

댓글수
0~4개 전
49개 후

▲ 프로필 / 콘텐츠(사진, 글 등) 컨셉 및 내용 수정 전/후

APPENDIX 2
4주 인스타그램 컨설팅을 참가자의 리얼 후기 모음

다음은 필자가 진행한 4주 인스타그램 컨설팅을 마친 참가자들의 실제 후기 사례들이다.

@yeseomom_insta

yeseomom_insta 소중한 인연이되어
만남을이어가고 산타피플 스터디에 참여할수 있게
해주셔서 넘 감사한날들이었어요😊 산타맘님의
가르침으로 소중한 정보,방법들을 알게되고 열심히
공부할수 있는 시간이었어요😊 산타맘,산타피플
영원하길~💕💕

18시간 좋아요 5개 답글 달기

@goeun2116

goeun2116 너무너무 아쉬워요 정말 한달이라는
시간이 짧으면 짧고 길면 길었는데 육아
병행하면서 하니까 너무 힘들더라구요 산타맘님은
2년동안 이렇게 하셨을거란 생각하니까 너무
대단하시다는생각이 👍 그리고 정말 산타맘님
알려주신대로 하니까 너무 많이 변했어용~
감사드려용 그리고 산타피플분들 알게되서 너무
행복하네용😊 한달동안 귀한시간 쪼개서 가르쳐
주셔서 너무 감사합니다! 유튜브랑 라방으로 이제
함께 할께요🖤🖤

17시간 좋아요 7개 답글 달기

@kimjubu_insta

kimjubu_insta 인스타 왕왕 초보 이렇게 이끌어
주셔서 넘 감사합니다. 마지막 만남에 제 불찰로
산타맘님 말씀 못들은 것이 아쉽고 미안함이
남습니다.🙈 솔직히 시작하고 2주 동안은 넘
힘들었답니다. 하지만 이렇게 스터디 만들어
멤버들과 서로 응원하고 이끌어 주시는 조장님들
그리고 산타맘님의 노화우가 더 해져서 제가
여기까지 올수 있었답니다. 너무나 좋은 기회
주신데 감사합니다. 남은 공부는 산타맘 유튜브
보고 계속 하려고 합니다.😊 그동안 다들 넘넘 수고
하셨습니다.🖤🖤🖤🖤🖤😊

17시간 좋아요 7개 답글 달기

@yu_jini0115

yu_jini0115 한달 참 길다고 생각했는데 정말
눈 깜박 할사이 지나가버렸어요.. 일하는 시간외
독박육아와 워킹맘이란 타이틀을 가지고 열심히
했는데 조금 많이 아쉬워요!힘든만큼 성과도 있었고
지난한달간 지쳐있는 저에게 산타맘과 산타피플의
인연이 너무도 감사했습니다🖤2년의 시간동안의
노력을 그 안에 모두 잘되기를 바라시는 산타맘님의
애정어린 진심이 담겨있는 스터디 멤버였다는게
너무 행운이었어요👍👍 글솜씨도 사진솜씨도
없어서 무슨말을 할지 횡설수설이지만 모두 너무
감사드려요!! 한달동안 이렇게 먼가에 빠져있었던
시간이 그리워질 같아용ㅎㅎ아낌없이 쏟아주신
유투브자료 라방시간이 그리워질거 같아요🙈 과제
해 나가면서 팀원들 챙기시느라 두배더 수고하신
조장님 두분 언제나 따뜻한 댓글로 메세지로
소통해주셨던 산타피플 멤버들 너무 감사합니다🖤
스터디는 끝났지만 쭈~욱 이어지는 인연이길
바래봅니다😊

@hskin.headspa

hskin.headspa 인스타를 주먹구구식으로 1000팔로워를 만들었는데 이게 맞나 하는 생각이 있었어요.그런데 스터디후 문의 글도 생기고 제 인스타의 방향성이 생겼답니다.메인에 빨강동그라미하는거 테그하는거 위치하는거 해시테그등등 정말 정말 많이 배웠구요.아 산타맘은 천사다 라는 생각도 들었답니다.1000명 만들면서 무작정 노가다했는데 아무것도 몰랐던 인스타바보를 여기까지 키워주신거 대박 👍👍👍 책 넘넘 기대돼구요😍😍😍

16시간   좋아요 6개   답글 달기

hskin.headspa 동기님들 답방 제대로 못가서 미안해요😭😭😭잠도 못자면서 공부하느라 절대적으로 들어갈 시간이 없었어요😭😭😭함께 소중한 시간 만들어서 또 너무 감사해요😍😍😍 😍 참 산타맘님 또 이런 인연 만들어주셔서 감사해요~

16시간   좋아요 5개   답글 달기

@h_daily90

h_daily90 🖤인연으로 산타맘이라는 딴세상 사람을 만나게 되었고,그인연이 거기서 끝이 아니어서 능력이 없는 저에게 산타피플 조장제안을 했을때 넘 놀랍고, 이게 내가 성장할수 있는 기회인가! 싶어 부족하지만 흔쾌히 하게되었습니다.

15시간   좋아요 5개   답글 달기

h_daily90 산타맘님께서 2년동안 세운 탑을 우리는 한달이라는 짧은 기간동안 흉내라도 내보자는 심정으로 시작했는데 넘 디테일하고 꼼꼼하게 터치해 줘서 배우는 동안 '아!','우와' 감탄사만 연발하며 한자한자 적어가며 따라가 보았습니다. 눈으로 바로 보이는 효과도 있고 아직은 나에겐 큰산이구나 하고 막히기도 했지만, 그냥 열심히 따라가 보면 뭐가되고 되겠지! 하는 심정으로 따라가 왔습니다.

15시간   좋아요 6개   답글 달기

h_daily90 많은걸 배우고, 느끼는 시간이었습니다. 그리고 급속히 성장하는 팀원들을 보며 놀랍기도 하고 위기감도 느꼈어요ㅎㅎ😅 금방 코앞으로 따라오겠구나! 😅겁도 나면서 다른팀원한테서도 배울게 있다는걸 느끼며 즐거웠습니다. 비록 스터디는 끝났지만 우리의 인연도 보통인연이 아니니 소중히 여기며 쭈~욱 함께하길 바래봅니다🖤 모두모두 넘 수고많으셨고, 산타맘님 진심으로 머리숙여 감사함을 전합니다.🙏🖤🖤🖤

15시간   좋아요 4개   답글 달기

@happy_jjung_

happy_jjung_ 한달이 금방이네요 한달이 어찌지나갔는지 모르게 눈코뜰새없이 보냈어요 인스타 공부를 하고있는중에 산타맘님 콜을 받았는데 사실 기대도안하고있었던일이라 놀랍기도했고 고맙기도하고 지금은 넘넘감사하죠 🥺🥺 (산타맘님 안만났으면 어쩔뻔했을까) 직장다니면서 인스타를 제대로 공부를해봐야겠다라고 맘을먹고시작을 했는데 혼자였으면 못했을것 같기도하네요 산타맘님과 산타피플 도움이아니었으면 이렇게 성장을 할수있겠나싶어요 서로서로 댓글달아주고 방문해주고 소통해주는게 효과가 엄청 크구나 라는걸 실감했구요 한사람 한사람이 좋아요랑 댓글하나하나가 얼마나 큰힘이되는가를 배우는 소중한 계기가 됐네요 이게소통이고 안보면 보고싶고... 이런 맘이 들줄은 생각지도 못했는데 한달울 같이 하다보니 자연스럽게 맘속으로 녹아들었던것같아요 아마 이게 찐소통이겠죠🥺 이제는 끈끈함이 있는 것 같아요 요즘은 3천 5천 만 팔로워 이상되신분들보면 정말 대단하다라 생각밖에 안드네요 얼마나 숨은 노력이 많았겠어요 세상에 공짜는 없다란 말 실감제대로 했어요 사실 이제야 고백하지만

전무지 바빴고 힘들었고 잠 제대로 못자고 어떻게든 팔로워 늘려보자라는 맘하나로 버텨온거였어요 두가지일을 잘하기란 쉽지않았고 첫째로 시간이부족했고 잠도 부족했고 지나고 보니 그래도 뭔가 뿌듯함은 있네요 (산타맘님 감사합니다) 처음보다 다들 성장하신줄알고있는데 우리 산타피플님들 손가락 목 괜찮으신가요? 넘님 고생많았고요 수고했어요~~조장님두분도 고생하셨어요 앞으로도 우리인연은 쭈욱~~이어질거라봅니다 여기계신분들 다 대단하신분인거 같아요 짱짱짱👍👍👍👍 산타맘님과 산타피플 고맙고 사랑합니다🖤🖤🖤

16시간   좋아요 7개   답글 달기

@sun_young_live

sun_young_live 먼저 산타맘님, 산타피플 스터디원들 모두 수고 많으셨어요~~~^^더불어 모두모두 감사합니다. 산타맘님이 아니였으면 어쯤 전혀 꿈꾸어 볼 생각조차 하지 않았을것 같아요~~지금은 덕분에 꿈을 꾸어 봅니다.

15시간   좋아요 4개   답글 달기

sun_young_live 산타맘님 2년의 고생스러움을 겪고 저희한테 짧은 한달 많은 것을 쏟아주셔서 감사합니다~~^^♡산타맘님의 산 경험을 너무 쉽게 접할 수 있는 기회였던것 같아요.♥그리고 스터디원들과 소통하면서 쪼꾸미들 키운지가 너무 오래돼 혹시 소통에 공감능력이 떨어질 수도 있었을텐데 아기들의 일상을 보는것만으로 너무 행복했습니다. 제가 키울때는 감성을 느낄 여유이 없이 잘 키워야 한다는 욕심으로만 키웠던것 같아 점점 시간이 지나면서 아이들 덕분에 함께 성장하게 되었죠 한달 동안 아이들과 정이들어 앞으로도 응원 아낌없이 하게 될 것 같아요 ~~지금은 제가 먼저 앞서가는게 그닥 중요한것 같지는 않아요 저도 이번 스터디를 통해 급성장 하시는 몇몇분들을 보면서 그 재능에 감탄했습니다. 진심으로 축하드려요♥ 그러나 제가 생각했을때 중요한건 포기 하지 않는것 그 인내가 꼭 필요하다고 생각합니다♥♥ 혼자가면 빨리 갈수있지만 함께라면 멀리 갈수있는 힘이 있으니 좋은 인연으로 맺어진 산타피플 영원한 인연이 될수있도록 서로서로 응원과 격려 앞으로도 잘 해나가면 좋겠다 생각합니다🙏애쓰셨어요♥ 산타맘님 앞으로의 행보에 무한 응원드리고 책 출판되면 꼭 구입해 보겠습니다♥ 마지막으로 데일리 조장님 수고 많으셨어요🙏😺😺

@nurukfarm

nurukfarm 우연이 ~필연이 되어버린 산타베이비들,산타피플,산타맘님 마음 깊이 고맙습니다 🙏😺

판매특공대 라방에서 처음 산타맘님을 보고. 참 괜찮은 분이구나 ~~ 1분 때문에 고객에게 왕복 몇십키로를 달려갔다 오셨다는 말씀 듣고 감동이었습니다. 저분은 꼭 성공하실꺼라 ~라는 생각이 들었어요

어쩌면 저의 내면에도 산타맘님과 같은 열정의 코드가 연결 되어 있는지 모르겠어요 ~앞으로 인스타를 키우고 관리하는데 마중물이 되지 않을까 싶어요 기꺼이 내어주신 시간,열정,마음까지 깊이 깊이 감사드려요 ~~♥

13시간   좋아요 4개   답글 달기

nurukfarm 산타베이비들 ~아줌마는 베이비들이너무~~~~예뻐오늘은 뭘하고 놀았을까 ~어떤 사진이 올라올까 기다려지기도 했어요 ~~ 베비들 ♥사랑해요♥

산타피플님들 덕분에 큰 힘이 되었고 피드에 올라오면 엉능 들어가 소식보고 ~참 행복했어요. 과제 따라 가느라 헉헉했지만 ~조장님들 덕분에 잘따라 갔구요 ~

앞으로도 좋은 인연으로 쭈욱~~따라 가겠습니다 고맙습니다 ♥♥

@lovely_hana7

lovely_hana7 일단 너무 감사해요. 진짜 크리스마스에 산타할아버지께서 선물주신것처럼, 산타맘을 통해 얻어가고 배워가는게 선물같았어요!

전, 15년도에 인스타를 시작하고 나의 일기장, 친구들과의 소통 정도로 생각하고 해왔고, 그리고 세상이 너무 무서워서 이런것들을 통해 범죄에 노출될 수도 있겠다 싶어서 비공개에서 공개로 계정전환을 하지 않았던 이유구요.

인플루언서의 꿈을 갖고, 처음으로 공개계정으로 전환하고나서 그날밤에 바로 악몽을 꾸었어요. 꿈에 시달리고 새벽에 일어나서 바로 한 행동이 인스타 공개계정을 다시 비공개계정으로 전환했더라죠 😭😭😭

의심많고 걱정많고 염려많은 절, 2주만에 1,000명의 팔로워를 늘릴 수 있는 방법을 알려주시고 키울 수 있도록 해주신게 얼마나 감사한지 몰라요.

무엇보다, 산타맘의 마음에 너무 감사해요. 구지 하지 않아도 되었던, 내게 이익이 되는것도 아니고, 어떠한 수익이 생기는것도 아님에도 불구하고 이벤트처럼 시간을 투자하고 마음을 쏟아서 이끌어주신 희생과 나눔의 마음에 감사해요.

인스타로 공구를 하고싶었고, 뭔가를 하고 싶었지만... 다른 아는 언니들은 잘되고 전

안될때마다 좌절도 많이 하고 의기소침해져서 자존감이 바닥이더라구요. 그래서 누군가에게 손을 내미는것이 더 어려웠었는데.. 산타맘이 알려주시는 방법으로 다시 한번 도전했고, 도전하고 얻은 결과가 정말 기쁘더라구요.

아이들을 가정보육하고, 아직 돌도 안된 두찌를 케어하면서 계속 인스타를 하는것이 때로는 완전 노동이었지만, 함께해주신 분들이 계셨기 때문에 억지로라도 마음을 붙잡고 할 수 있었던것같아요.

팔로잉이 1,000명이 넘고나서는 선팔맞팔을 하지않았는데도 인스타가 여전히 지금도 에러로 자꾸 꺼지는 현상이 발생하는게 의욕상실을 불러 일으키고 짜증나기도 하지만, 그래서 흔하게 이야기하는 인태기가 오려고하나 혼자 생각도 했지만, 여기서 무너지지 않고 알려주신대로 조금씩 조금씩이라도 성장해서 영향력있는 사람이 되어보자구요.

이제 산타맘님의 도움이 없기에 할 수 있을까? 더 나아갈 수 있을까? 어떻게하지? 내가 이뤄낼 수 있을까? 라는 의문들이 계속 던져지지만... 먼 훗날, 인플루언서가 되고 많은 팔로워들이 생겼을 때.... 내가 여기까지 왔던 그 시간들을 회상할 수 있었으면 좋겠다는 부푼 꿈을 안고 있기만 하네요!ㅋㅋㅋ♥

@tiahand_sunny

tinahand_sunny 우선 벌써 한달이 지나서 벌써 스터디가 종료된다니 넘나 아쉬워요 😭 막연히 인스타를 해보라는 신랑말에 계정만 만들어놓고 가뭄에 콩 나듯 피드 올리고 팔로워 많은 분들 부러워만 했는데.. 얼마나 많은 노력을 꾸준히 해야하는것인지 깨닫게되었어요~ 우연한 기회에 산타마맘님을 알게되고 저분처럼 됐음 조켔다는 맘에 스터디를 신청했는데 운좋게 산타피플의 일원이 되어서 너무 기뻤답니다 😊 매일매일 꾸준한 피드와 스토리를 올리고 선팔맞팔을 하는게 어느날엔 힘들때도 있었는데.. 어느순간 이건 막연히 내 계정을 키우는게 아닌 인님들하고 소통을 하면서 미소짓고있는 저를 보게되었어요 😊 한달동안 팔로워도 많이 늘고 제 일상에 많은 부분 차지하게 되어서 앞으로 이 기회를 절대 흘려보내지 않고 더 커나갈수 있도록 노력해보겠습니다~ 🙏
코로나가 좀 잠잠해지고하면 진짜 만나서 얼굴보고 얘기하는 자리 마련하면 너무 좋을거같아요~ 우리 산타피플, 계속계속 함께해용~ 💕 바쁘실텐데 많은 노하우 알려주신 산타맘님 🙏 꼼꼼하게 체킹하고 챙겨주신 두 조장님들 🙏 고맙습니다~~ 산타피플, 사랑해영~~ 🙏

14시간   좋아요 6개   답글 달기

@soyyo_yuyu

soyyo_yuyu 꼴찌로 소감올립니다 😅 😅
어제 여행중에 틈틈히 피드올리고 일정소화하면서 답장도 가야하는데...하는 맘에 다시 핸드폰을 들었는데 "수고많으셨습니다"하는 피드를 보니 아! 끝났나?! 벌써
뭔가 허전한 기분이 들었어요.
인스타는 정말 상초자여서 가끔 하나씩 피드올리고 좋아요 35-45개 달리면 그러면 만족하면서 다른분계정보며 댓글, 좋아요 많은분들을 동경하는 정도였어요.
우연히 판매특공대 임헌수소장님 라방을 보게 되었어요.
산타맘님이 나오셔서 소박한 모습과 소박한 편안한 웃음으로 라방하시는 모습을 보게 되었고 바로 산타맘님 인스타계정으로 들어가 보게되었어요. 정말 운좋게 산타피플에 합류하는 행운을 얻어 한달 과제를 해가며 가끔 과제중에 한두개는 빼먹고 완벽하게 하지 못했지만 팔로우 130정도로 시작해 지금은 300조금 넘는 정도로 다른분들에 비해 미흡하지만 조금씩 팔로우수가 올라가는게 너무 신기했고 산타피플님들 이쁜 피드올라오는거 보면서 편집이라는것에도 도전하게 되었고 조금씩 달라지는 제 계정을 보며 웃음짓고 있습니다.
산타맘님이 2년에 시행착오 겪고 알아내신 값진 정보도 공유해주심 너무 감사합니다 🙏 🖤
제가 아마도 산타맘님 기대치에 못미치는 학생이였을거라 생각되는데 😅 앞으로도 포기하지 않고 꾸준히 조금씩 조금씩 성장해보겠습니다.
따뜻한 말씀으로 살짝살짝 뒤에서 밀어주신 조장님 두분에게도 너무 감사드려요 🙏 🖤
한달과정은 끝났지만 소중하게 얻은 이시간과 산타피플님들과 계속 응원하면서 소통하며 하는

@jysy0619

jysy0619 와 벌써 한달이 끝났네요.. 솔직히 첫과제를 할때는 아 한달이 언제가지? 생각보다힘들다, 이게뭐야, 내가 한달이라는 시간을 버틸수있을까?라는 생각을 했었어요. 근데 일주일이내에 팔로우수가 훅훅늘어나고, 좋아요가 백개가 막 넘는걸보면서 신기하기도하구 일단 사람들과 소통을 하니 너무 즐거워서 시간가는줄 모르게 하고있었어요. 첫째로 이렇게 돈주고도 못사는 귀한 정보를 나눠주는 계획 해주셔서 감사드리구요. 둘째론 제가 결혼 후 아이를 키우면서 내가 무언가를 해봐야겠다 라는 생각을 한번이라도 해본적이없거든요 항상 애들 상황에 맞춰 일자릴구하고 내가 이상황에 뭘 할수있겠어 저 사람들 참 부럽더라고만 생각했었는데 나도 할수 있구나를 알려주셔서 너무 감사해요. 마지막으로 이 스터디를 하면서 결혼9년만에 자존감이라는게 생긴거같아요 저는 남들보단 조금 일찍 결혼해서 그부분에 대한 컴플렉스 아닌 컴플렉스가 있어서 항상 숨게됬었는데 사람들과의 소통을 하면서 저와 아이들의 일상에 관심을 가져주시고 이뻐해주시니 내가 아이들과 잘 지내고있구 뭔가 뿌듯해지구 든든해지고 창피함이 많이 없어졌어요. SNS를 통해서 이렇게 귀한인연 만들어 주셔서 너무 감사드리구요. 내가 어렵게 알아낸걸 다른 누군가에 준다는게 절대 쉽지 않은건데 이렇게 나눠주심에 다시한번 감사하단말씀 드리구요 항상 상대방을 진심으로,가식없이 대해주시는 모습이 너무 좋아 팬이 됬었는데 정말 더 찐한 팬이 될거같습니다 🖤 항상 함께하겠습니다 산타맘님 다시한번 너무 감사드리구 사랑합니다 라방자주해주세요!!! 🖤 🖤 우리 산타피플1기도 아쟈아쟈 다들 너무 감사하고 사랑합니다 !!!! 🖤

Epilogue
에필로그

독자에게 전하는 당부의 글

처음 인스타그램을 시작할 때는 아무것도 알지 못한 상태였지만 수많은 시행착오 끝에 이 모든 것을 알게 되었다. 하지만 이미 그래왔듯이 인스타그램의 알고리즘은 계속해서 조금씩 변할 것이고 그 누구의 방법도 절대적인 정답이 될 수 없다.

하지만 실제로 2년간의 공동구매를 진행해오면서 억대 매출을 달성하게 되었고, 수많은 시행착오 끝에 알게 된 것과 행했던 것을 아낌없이 이 책에 담았다.

지금 알았던 것을 그때도 알았다면 나는 더 빨리 성장했을 것이다. 비록 필자는 이 모든 것을 알기 위해 2년이라는 시간이 걸렸지만, 나의 독자들은 나를 발판삼아 내가 겪었던 시행착오만큼은 겪지 않고 더 빨리 성장하시길 응원하고 기도한다. 지난날 멘토가 있었으면 좋겠다고 생각했던 나와 같은 사람에게 이 책이 아낌없이 알려주는 멘토가 되길 바란다.

인스타그램은 세상에 나를 알리는 데에 가장 제약이 없고 열려있는 곳이며, 원한다면 판매 등의 수익까지도 올려줄 수 있는 아주 멋진 가게이다.

하지만 모든 것을 알고서도 실행하지 않고 먼저 다가가지 않는다면 그 어떤 것도 이루어 낼 수 없다.

2년 동안 수많은 슬럼프도 있었고 힘든 일도 있었지만 내가 지금까지 발전하고 감히 책까지 집필 할 수 있었던 것은 꾸준함과 실행력이었다. 아무리 아파도 게시물을 쓰지 않았던 날이 없고 아무리 힘들어도 끊임없이 실행했다.

특별할 것 없는 경단녀 육아맘이 억대의 매출을 올리기까지의 모든 비법이 들어있는 이 책을 읽은 당신은 한 가지를 알게 되면 꼭 그 한 가지를 오늘 당장 자신의 인스타그램 계정에 적용해 보길 바란다.

점점 온라인 소비시장이 넓어지는 이때 하루라도 빨리 온라인상에서 당신만의 멋진 가게를 창업하기를 기대한다.

> "희망 보여서 계속하는 게 아니다. 계속해야 희망이 보인다.
> —조슈아 윙(홍콩 민주화 운동가)"

이 글을 마치며

네이버쇼핑 상위노출에 강한

스마트스토어 창업+디자인+마케팅 [2판]

실전! 스마트스토어 테마 디자인 제작과 꾸미기

강윤정, 박대윤 공저 | 18,800원

네이버쇼핑 상위노출에 강한

혼자서도 할 수 있는 블로그마켓 [개정2판]

창업준비 | 만들기 | 구매력 높이는 글쓰기 | 단골고객

판매처 늘리기

정하림, 박대윤 공저 | 21,000원

쇼핑몰 / 오픈마켓 / 네이버 스마트스토어 / 종합쇼핑몰

상세페이지 제작 [3판]

김대용, 김덕주 공저 | 17,500원

cafe24 스마트디자인으로

인터넷 쇼핑몰 만들기 [3판]

창업준비 | 쇼핑몰 레이아웃 만들기 | 국내 해외쇼핑

몰 만들기 | 기능 익히기 | 꾸미기

이시환, 고은희 공저 | 23,500원

혼자서도 할 수 있는 실용서 시리즈

한 권으로 끝내는

타오바오 + 알리바바 직구 완전정복

정민영, 백은지 공저 | 17,500원

혼자서도 할 수 있는

알리바바 도소매 해외직구 [2판]

무역을 1도 몰라도 바로 시작하는, 알리바바 해외직구
로 창업하기

이중원 저 | 16,500원

혼자서도 할 수 있는

아마존 월 매출 1억 만들기

[3판]_아마존 JAPAN 추가

무재고 무자본으로 바로 시작하는 아마존 판매!

정진원 저 | 17,500원

한 권으로 끝내는

글로벌셀러 아마존 판매 실전 바이블

아마존셀러의 실제 창업 절차 그대로 글로벌셀링 전
과정을 순서대로 담았다!

최진태 저 | 25,000원